Rudern Basics

Für meinen Vater

Allgemeine Hinweise:

Aus Gründen der besseren Lesbarkeit wird bei Personenbezeichnungen die männliche Sprachform verwendet. Gemeint ist sowohl die männliche als auch die weibliche und die diverse Form.

Wolfgang Fritsch

RUDERN
BASICS

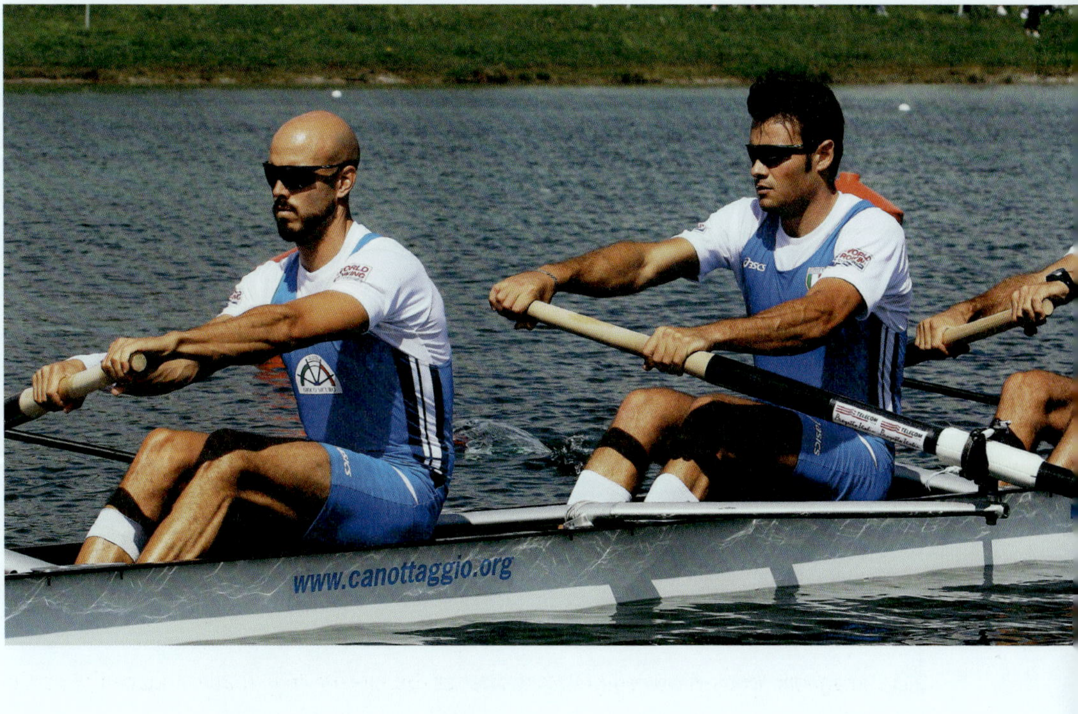

Meyer & Meyer Verlag

Rudern Basics

Bibliografische Information der Deutschen Nationalbibliothek

Die Deutsche Nationalbibliothek verzeichnet diese Publikation in der Deutschen Nationalbibliografie; detaillierte bibliografische Details sind im Internet über <http://dnb.d-nb.de> abrufbar.

5. überarbeitete Auflage 2023
Auckland, Beirut, Budapest, Cairo, Cape Town, Dubai, Hägendorf,
Indianapolis, Maidenhead, Singapore, Sydney, Teheran, Wien

Member of the World Sport Publishers' Association (WSPA)

Gesamtherstellung: Print Consult GmbH, München

MIX
Papier | Fördert gute Waldnutzung
FSC® C084279

ISBN 978-4-8403-7853-9
E-Mail: verlag@m-m-sports.com
www.dersportverlag.de

INHALT

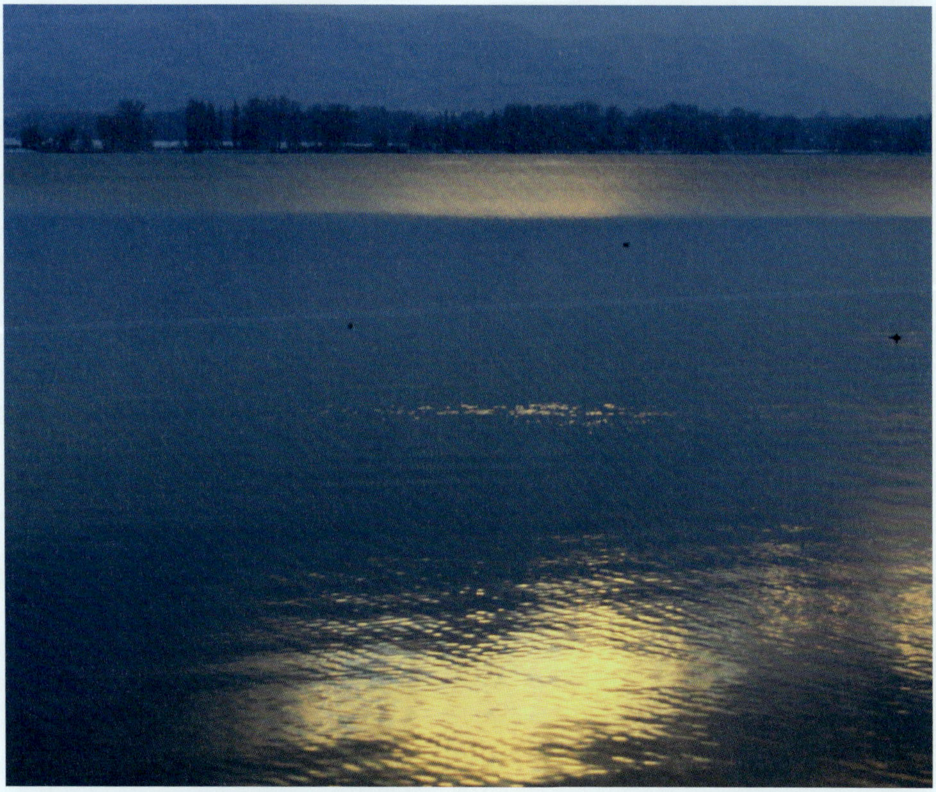

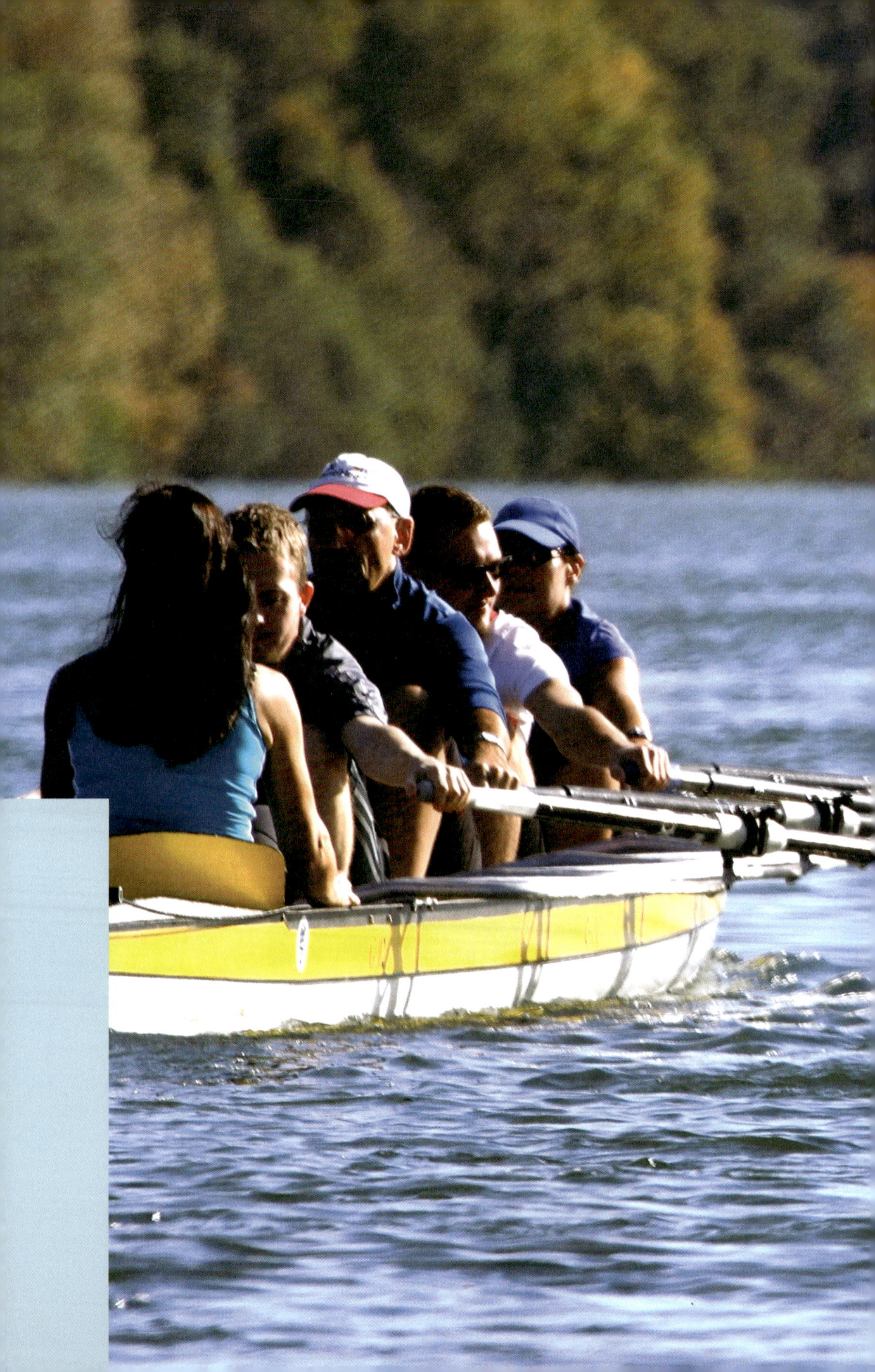

1 EINLEITUNG

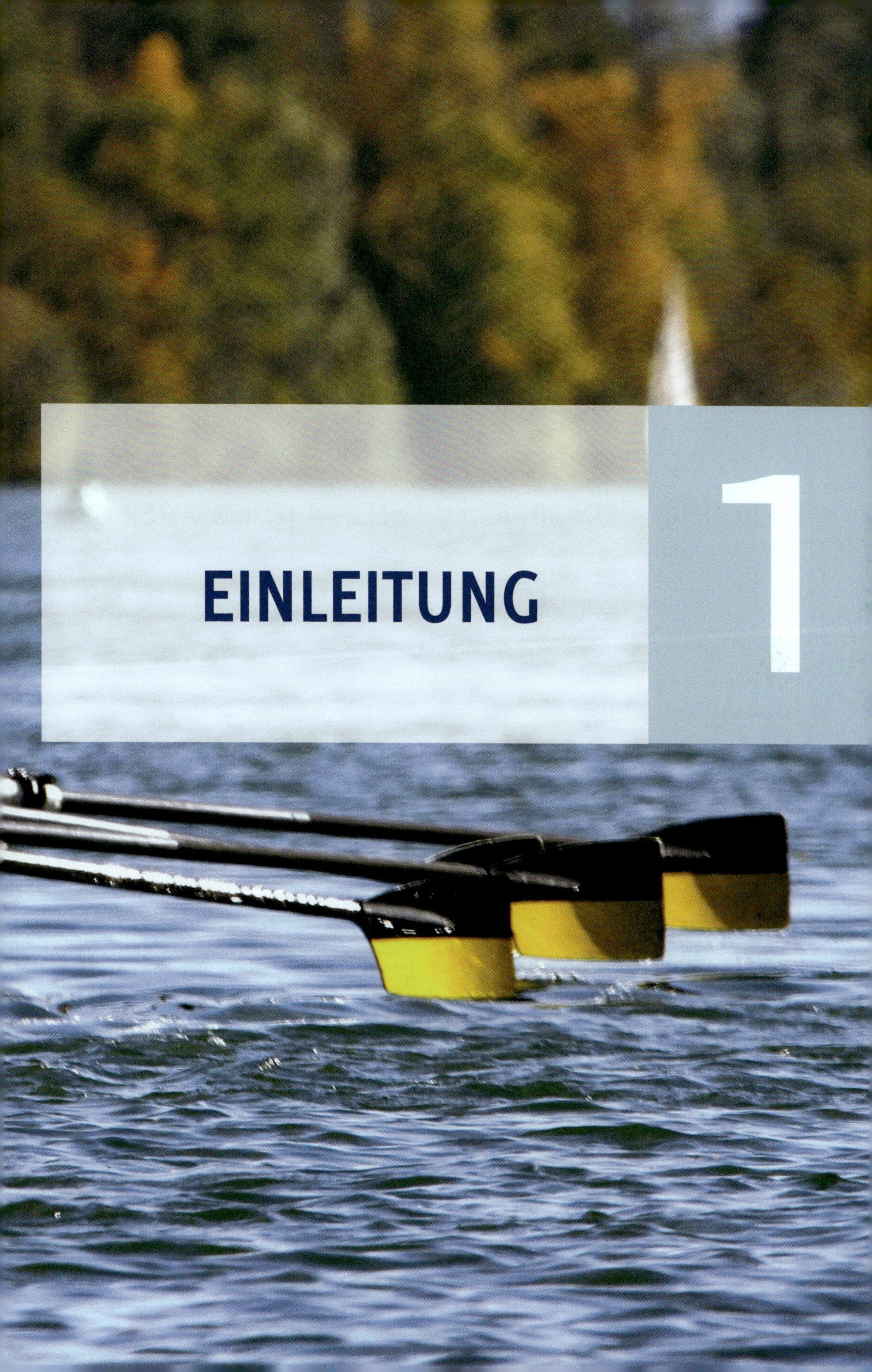

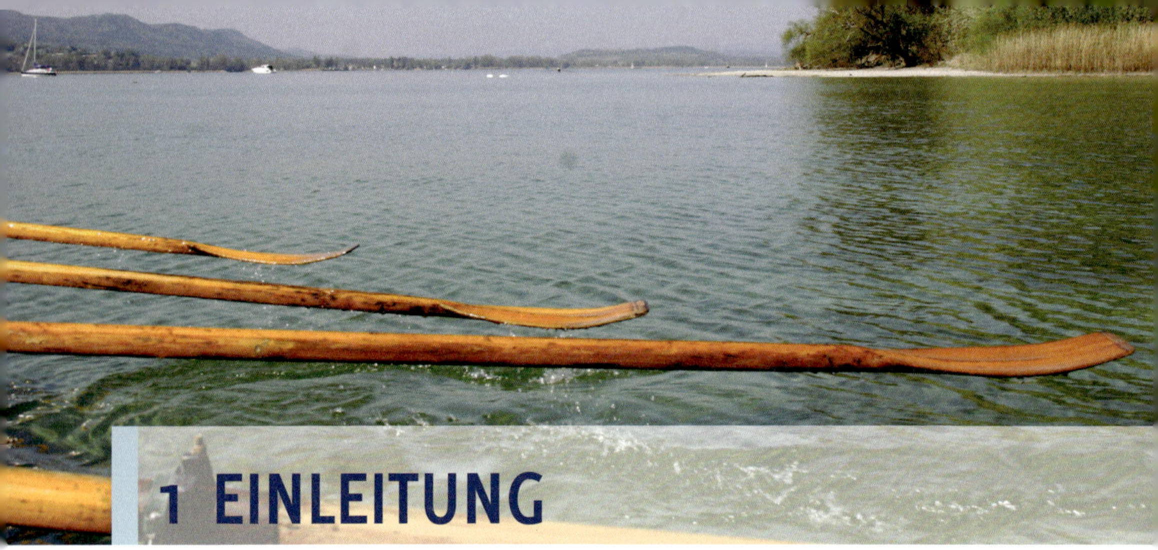

1 EINLEITUNG

RUDERN – EIN SPORT FÜR ALLE IN JEDEM ALTER

„Rudern" ist mehr als nur eine Sportart. Ruderer leben ihren Sport. Rudern kann man in fast jedem Alter erlernen und ausüben. Rudern bietet vielfältige Angebote und Erlebnismöglichkeiten. Der Rudersport schult alle wichtigen Eigenschaften und Fähigkeiten, die im Beruf und Alltag notwendig sind: Kraft, Ruhe, Gleichgewicht, Koordination, Ausdauer, Teamgeist, Freude am Wettkampf, Zielgerichtetheit und Konzentration.

Dieses Buch ist eine Einladung für Menschen, die mit dem Rudern beginnen wollen oder bereits begeisterte Ruderer sind und wiederum Anfängern ihre Begeisterung weitergeben möchten. Die Informationen über die Ruderboote, die Rudertechnik, das Erlernen sowie über die verschiedenen Bereiche des Ruderns bieten auch erfahrenen Ruderern interessante und hilfreiche Einsichten in ihre Sportart.

Rudern bietet eine enorme Vielfalt an Möglichkeiten. Der besondere Reiz dieser Sportart besteht darin, dass sich der Sportler nicht für eines dieser Angebote entscheiden muss. Der Ruderer kann gleichzeitig mehrere Aspekte und Möglichkeiten verknüpfen und kombinieren. Rudern kann montags als Mannschaftssport und mittwochs als Individualsport betrieben werden. Das Trainieren auf Wettkämpfe schließt die Wanderfahrt nicht aus. Rudern ist gesund und hält fit und erfüllt eine integrative Funktion. Rudern ist Natur- und Erlebnissport und eignet sich auch für Menschen mit besonderem Förderbedarf. Rudern ist Freizeit- und Familiensport und gleichzeitig Wettkampf- und Spitzensport – kaum eine andere Sportart kombiniert all diese Facetten und fasst Menschen aller Leistungs- und Altersklassen durch ihre Leidenschaft zu einer großen Ruderfamilie zusammen.

Viel Freude mit den nachfolgenden Kapiteln im Buch. Das Buch kann vom Leser als durchgängige Lektüre oder als Nachschlagewerk zu den einzelnen Themen genutzt werden. Wer weiterführende und vertiefende Informationen zu einzelnen Aspekten des Ruderns möchte, dem empfehle ich gerne noch den im gleichen Verlag erschienen Titel *Masterrudern*.

Mein Dank gilt Heike Breitenbücher für die zahlreichen Gespräche und Anregungen zur fünften Auflage dieses Buchs.

Radolfzell, November 2022
Wolfgang Fritsch

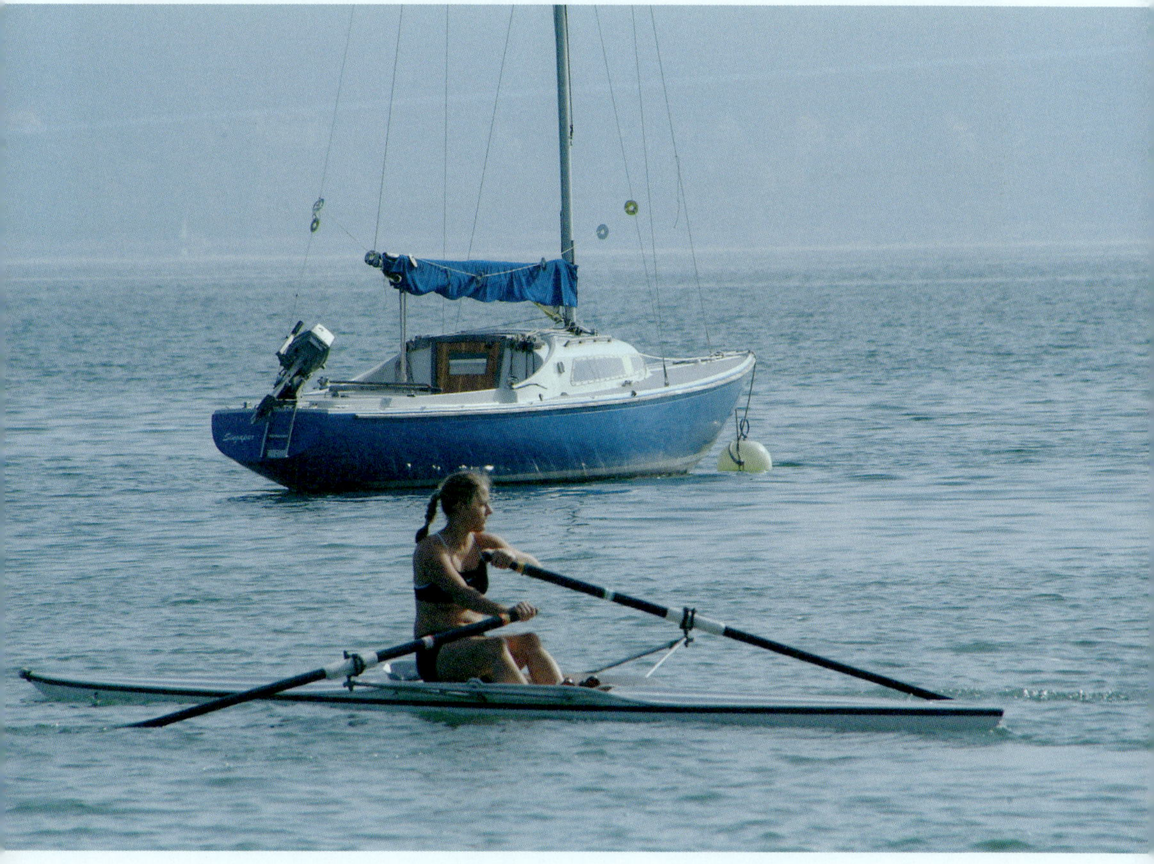

Die vorliegenden Hinweise richten sich an Ruderbegeisterte, die ihre ersten praktischen Erfahrungen mit theoretischem Grundlagenwissen ergänzen möchten. Die einzelnen Themen werden vorgestellt und folgen dem Schema:

GERÄT - RUDERN LEHREN UND LERNEN - RUDERTECHNIK - ERFAHRUNGSBEREICHE

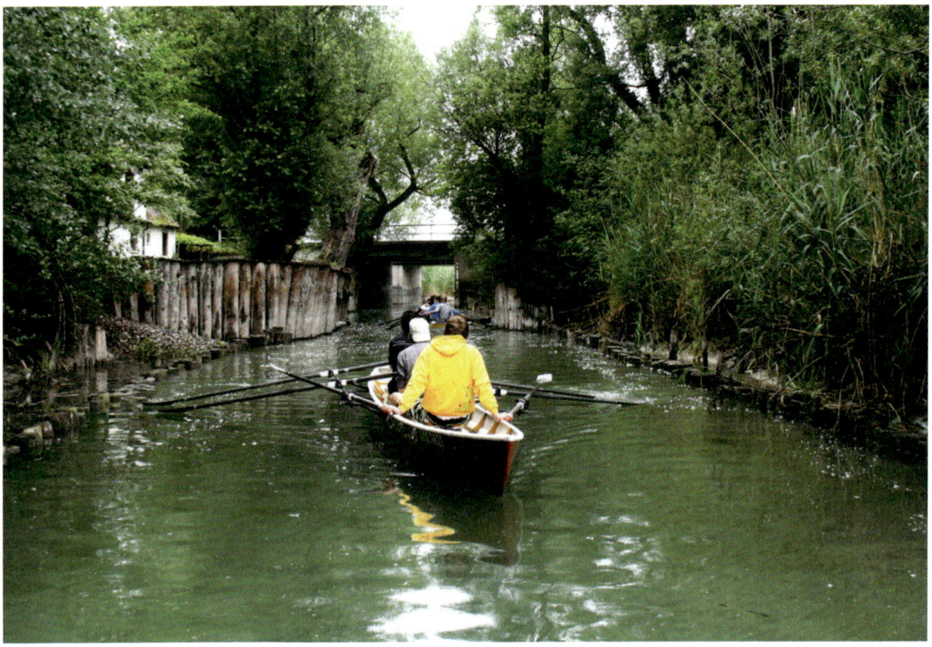

Das Passieren schmaler Stellen gehört in die Anfängerausbildung.

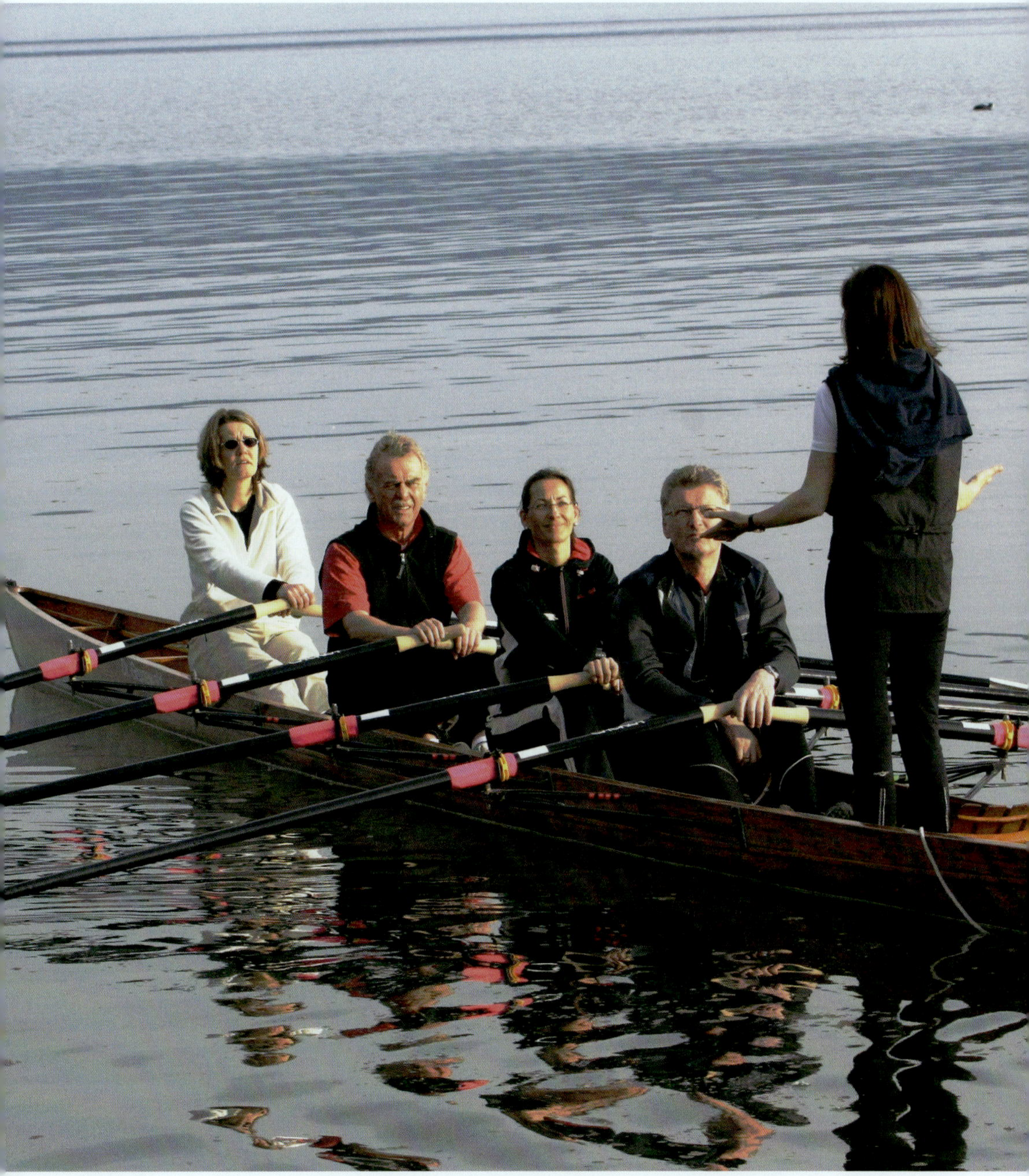

Stabile Lage eines Vierers

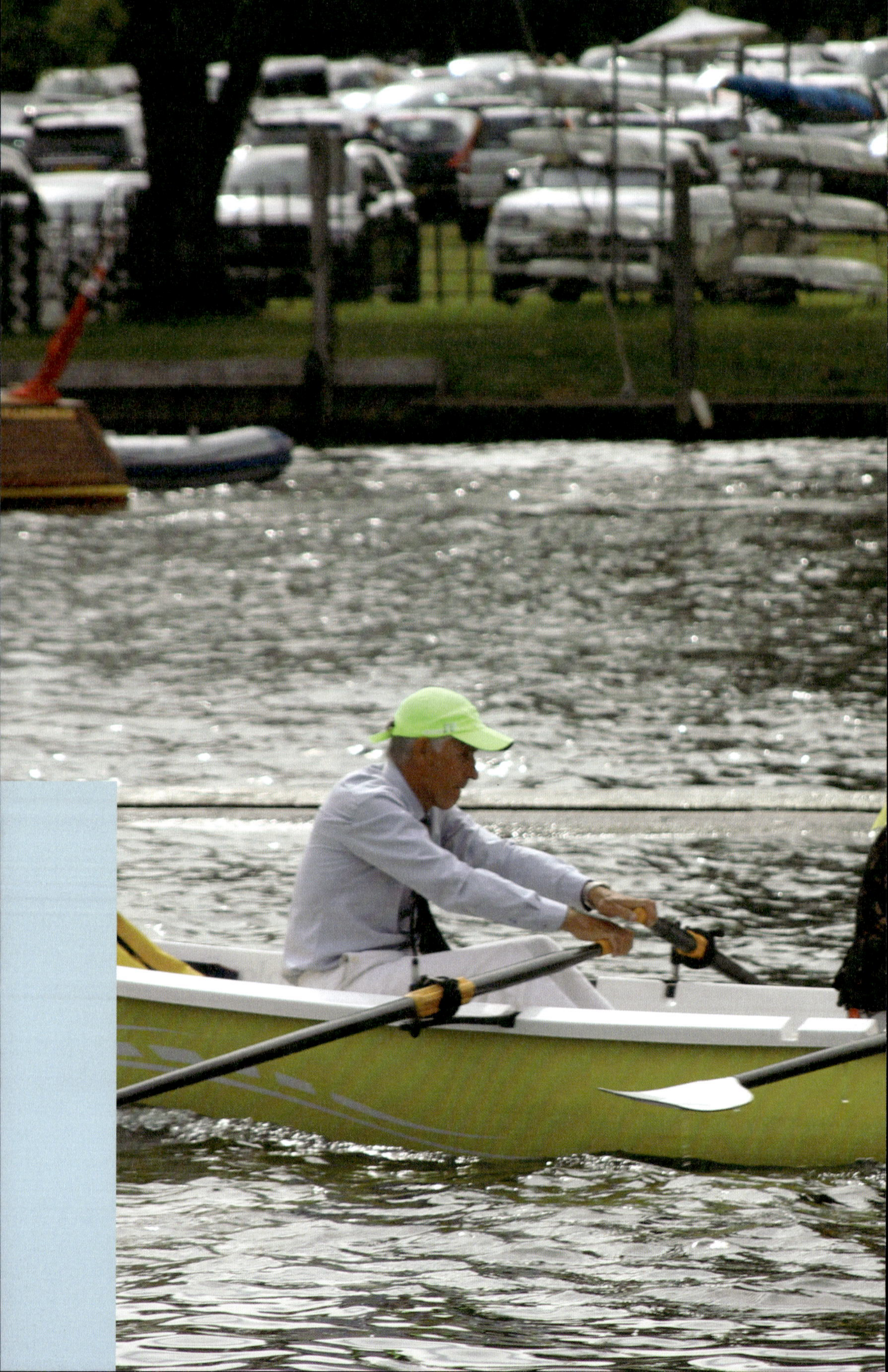

2 DAS SPORTGERÄT – DIE VORAUSSETZUNG ZUM RUDERN

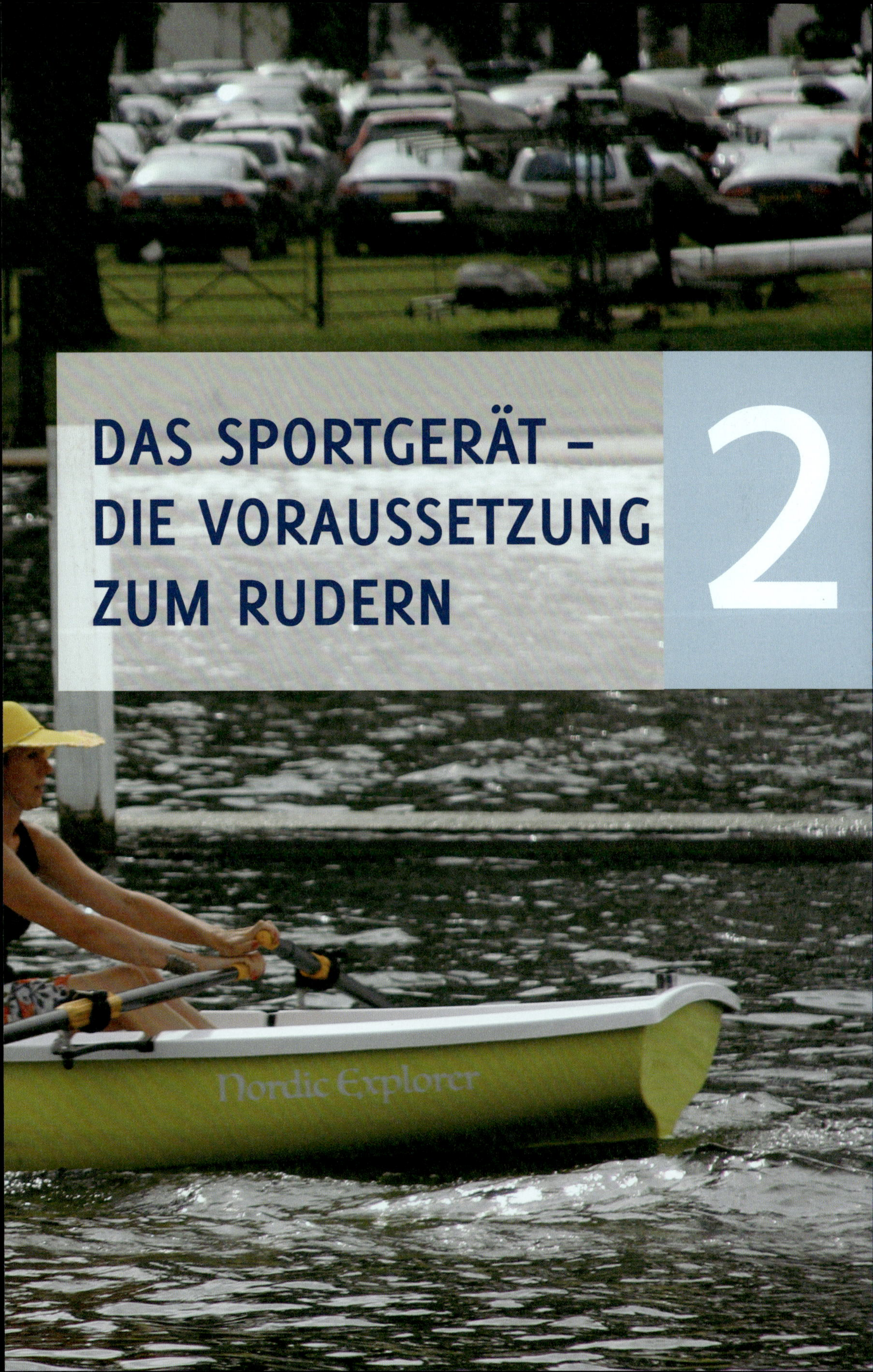

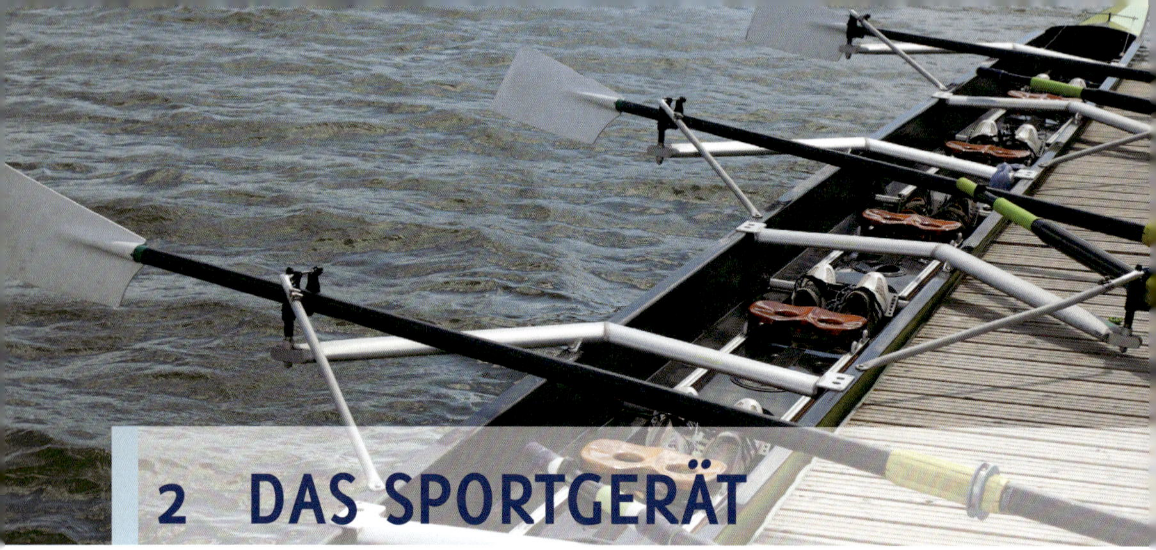

2 DAS SPORTGERÄT

2.1 Bootstypen

Bei den Sportruderbooten haben sich durch Tradition und technische Anforderungen – neben einigen Sonderformen – zwei Bootstypen entwickelt. Sie werden in unterschiedlicher Weise genutzt:

1. Die Gig – das bedeutet so viel wie „leichtes Ruderboot" – wird vornehmlich für das Wanderrudern sowie als Lern- und Übungsboot eingesetzt. Aufgrund der Bauweise reagiert es weniger empfindlich auf äußere Einflüsse (Wellen, Wind usw.) und auf motorische Eigenschaften der Sportler. Gigs sind breiter und schwerer und unterliegen in Form und Gewicht bestimmten Vorschriften, sofern sie bei Rennen eingesetzt werden. Im modernen Vereinsrudern setzt man mittlerweile auf leichtere Boote, die aufgrund weiterentwickelter Materialien und Fertigungstechniken das Tragen und Transportieren deutlich erleichtern. Heute werden bei Gigs – wie im Rennbootbau – nahezu vollständig Kunststoffe zur Fertigung eingesetzt. Unter den verschiedenen Gig-Bootsformen ist die C-Gig das bevorzugte Boot. Nachfolgend eine Übersicht zu den Abmessungen verschiedener Bootsarten (s. Tab1):
2. Das Rennboot unterliegt lediglich einem Mindestgewicht, das durch World Rowing, den internationalen Ruderverband, festgelegt wird. Es ist sehr leicht gebaut und weitgehend auf die Merkmale und Fähigkeiten des Ruderers abgestimmt.

Tab. 1: Abmessungen für C-Gigs und Rennboote

Boot	Ca. Länge ü.a. (m)	Mindest-Breite (m)	Breite Konstruktions-Wasserlinie* (m)	Ca. Gewicht (kg)
C-Gig 1x	6,50	0,54	0,48	30
C-Gig 2x	7,50	0,78	0,65	50-55
C-Gig 2x+/G3x	8,50	0,78	0,65	60-65
C-Gig 4x	9,50-10,00	0,78	0,65	70-75
C-Gig 4x+/G5x	11,00	0,78	0,65	80-85
C-Gig 8+	17,50	0,85	0,70	150
1x	7,80-8,30		0,24-0,29	13-15 (14**)
2x	9,40-10,00		0,32-0,34	24-28 (27**)
4x	11,80-12,90		0,40-0,46	50-52 (52**)
2-	9,40-9,95		0,30-0,36	24-28 (27**)
4-	11,80-12,90		0,41-0,46	48-52 (50**)
4x+/4+	12,80-13,60		0,45-0,47	52-56 (51**)
8+	17,20-18,20		0,54-0,57	96** (teilbar)

3. Seegigs und Barken stellen Sonderformen der Bootstypen dar. Anfangs auch zur Ausbildung eingesetzt, bieten sie nunmehr besondere Erfahrungen, z. B. bei Ruderwanderfahrten auf unruhigen Gewässern (See, Küste) oder als Geselligkeits- und Kommunikationserlebnis. Seegigs ähneln normalen Gigs; sie haben jedoch die Dolle auf dem Dollbord. Durch den Wegfall der Ausleger sind diese Boote noch breiter gebaut als Gigs (ca. 1,20 Meter) und die Ruderplätze werden aus der Bootsmitte versetzt angeordnet. Barken sind so breit, dass die paarweise nebeneinander liegenden Ruderplätze sogar durch einen Gang getrennt werden können. Sie sind über 10 Meter lang und können zwischen 400 und 800 Kilogramm wiegen.

** Konstruktions-Wasserlinie: Dient zur Einhaltung einer einheitlichen Form der Gigs und legt wesentlich die Laufeigenschaften des Bootes fest. Gemessen wird sie 12,5 Zentimeter oberhalb der Kiellinie außen an der Bootshaut.*

*** FISA-Bestimmungen. Ein geringeres Bootsgewicht muss im Wettkampf durch Zusatzgewichte ausgeglichen werden.*

Für die weitere Ausbildung, insbesondere aber auch für den allgemeinen Ruderbetrieb, werden gerne Kunststoffeiner oder -skiffs und -zweier eingesetzt. Sie haben die Form eines Rennboots, sind etwas schwerer als die Wettkampfboote und werden für die Benutzung im Ausbildungsbetrieb in einer strapazierfähigeren Ausfertigung angeboten.

Spezielle Ausführungen der Kunststoffskiffs gibt es für unterschiedliche Zielgruppen in den unterschiedlichsten Formen. Die Kinder- und Jugendskiffs sind in ihren Abmessungen den Körpermaßen und -gewichten der Jungen und Mädchen angepasst.

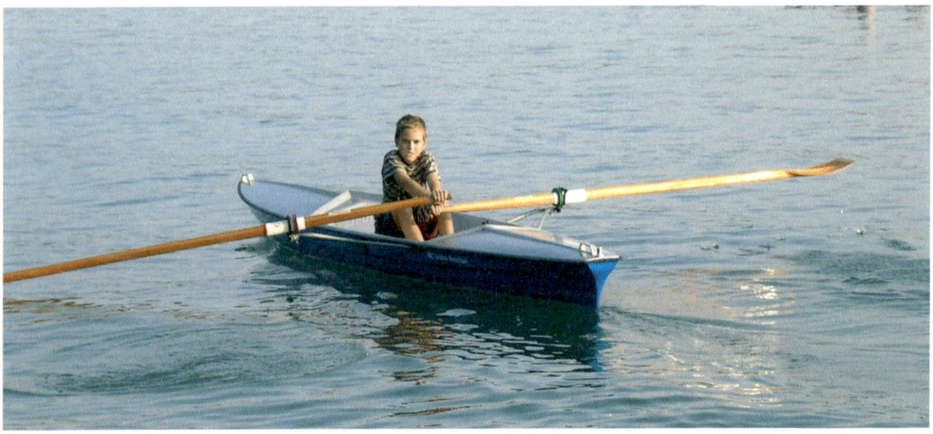

Trimmy-Einer

2.2 Bootsbestandteile

Folgende Zeichnungen beschreiben und benennen die wichtigsten Bootsteile:

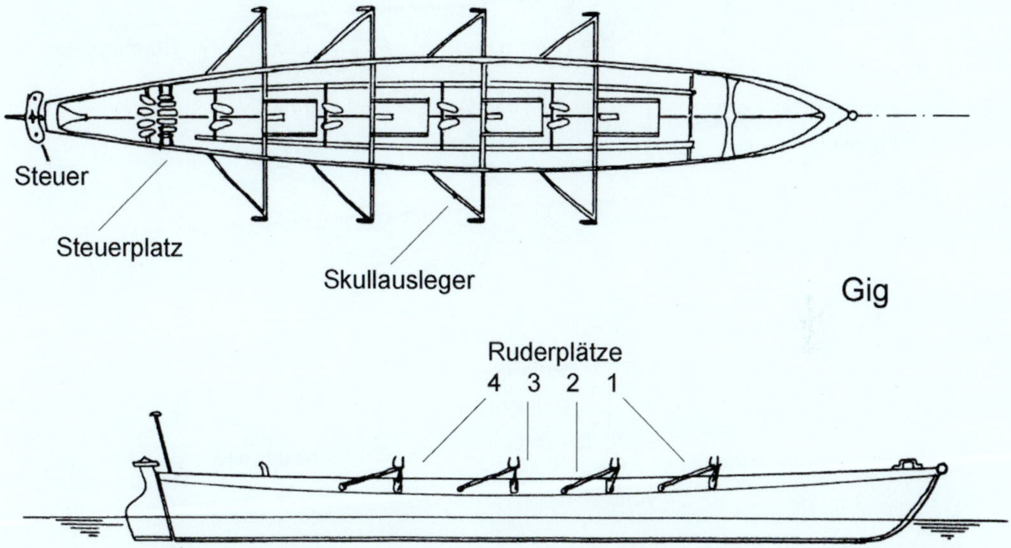

Abb. 1: Gig (Zeichnung: Oskar Loewe)

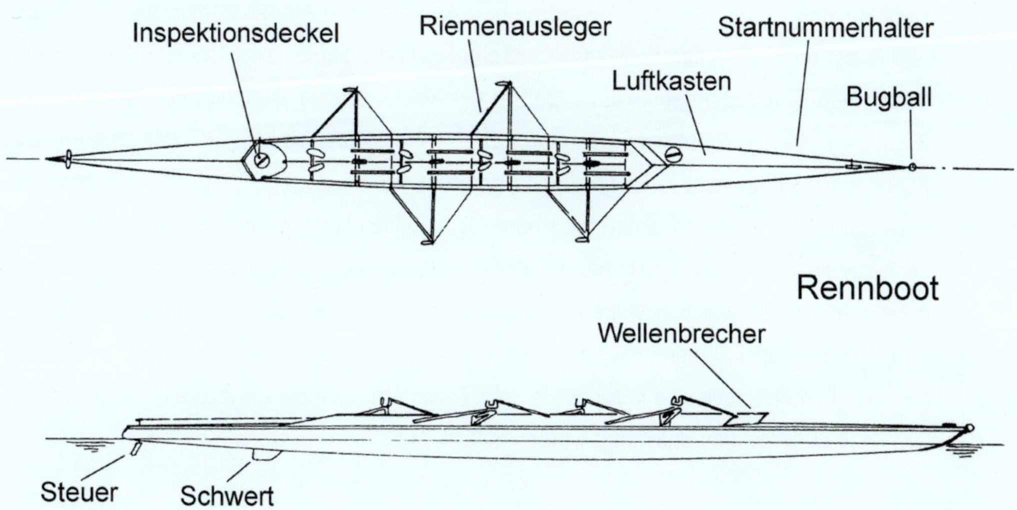

Abb. 2: Rennboot (Zeichnung: Oskar Loewe)

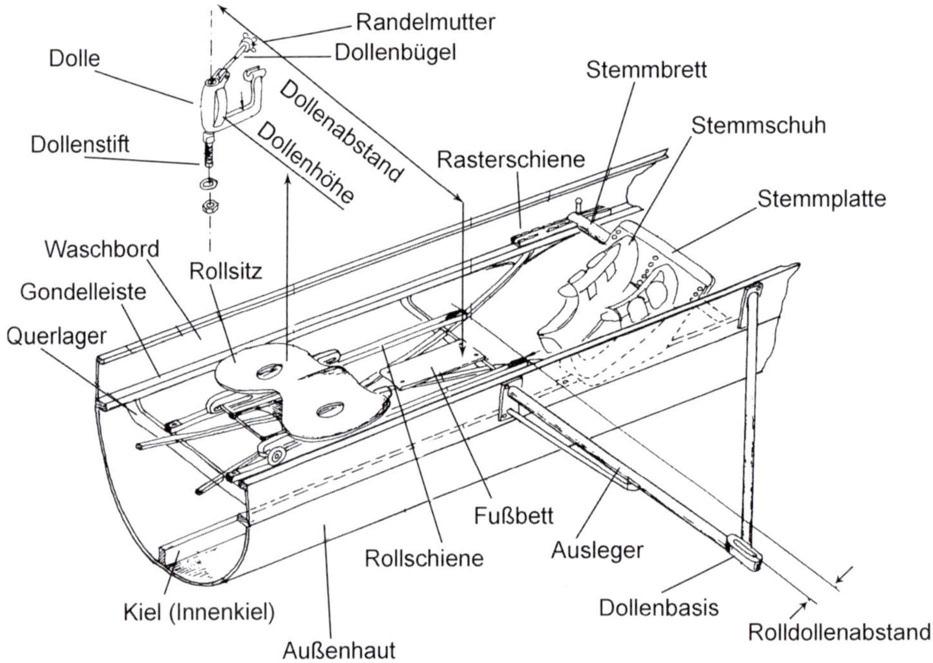

Abb. 3: Bootsteile (Zeichnung: Oskar Loewe)

2.3 Bootsgattungen

Ruderboote sind grundsätzlich mit einem, zwei, vier oder acht Ruderern besetzt. In jedem Boot kann ein Steuermann oder eine Steuerfrau hinzukommen. Der Antrieb erfolgt über die **Riemen** (ein Ruder für jedes rudernde Mannschaftsmitglied) oder **Skulls** (zwei kleinere Ruder pro Ruderer). Beim Einer oder dem Skiff handelt es sich immer um ein Skullboot, beim Achter in der Regel um ein Riemenboot mit Steuermann. Die Tatsache, dass bis heute bei den Gigs und den Rennbooten genau diese Bootsgattungen gerudert werden, ist ein Resultat der historischen Entwicklung des Rudersports und folgt keiner zwingenden Logik. So ist z. B. der „Sechser" zwar eines der ersten Mannschaftsboote auf Regatten gewesen; er wird jedoch heute kaum mehr gebaut. Im Freizeitbereich existieren auch umgebaute Gigs, die dann als Doppelfünfer, Doppelvierer, -sechser oder Doppeldreier, zum Teil mit und ohne Steuermann eingesetzt werden. Bei den Rennbooten haben sich mittlerweile acht Bootsgattungen herausgebildet, die als internationale Bootsgattungen anerkannt werden (s. Tab. 2).

2.4 Ruder

Bei den Rudern (Riemen wie Skulls) verlief die Entwicklung in der Herstellung ähnlich wie bei den Ruderbooten. Im Rennrudern, wie im Freizeit- und Vereinssport, werden nur noch Kunststoffruder eingesetzt. Die hochwertigen Kunststoffruder sind um einiges leichter als die früheren Holzruder und können, je nach Bedarf, in verschiedenen Härten, verstellbaren Längen und in unterschiedlichen Blattformen hergestellt werden. Geringere Ermüdung der Kunststoffe gegenüber dem Holz, verbunden mit einer größeren Unempfindlichkeit des Materials gegen Schläge und Kratzer, ermöglichen eine längere Lebensdauer und einen intensiveren Einsatz im Rennrudern. Auch die Blattformen passen sich den jeweils neuesten Erkenntnissen an. Nachdem sich über ca. 30 Jahre das sogenannte *Macon-Blatt* als gängige Blattform etabliert hatte (s. Zeichnung, S. 22), wurden im Rennrudern Anfang der 1990er-Jahre verschiedene Formen der Big Blades (vgl. Zeichnung, S. 22) entwickelt. Die Blattformen unterliegen keinerlei Vorgaben und befinden sich in permanenter Veränderung. Skulls wie Riemen mit den neueren Big Blades sind um etwa 10 Zentimeter kürzer als die Ruder mit Macon-Blattformen.

Tab. 2: Bootsgattungen bei Olympischen Spielen (OS) und Weltmeisterschaften (WM) (Stand: 2022)

Bootsgattung		**Männer**	**Männer leicht**	**Frauen**	**Frauen leicht**
1x Einer	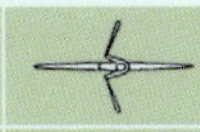	OS WM	WM	OS WM	WM
2x Doppelzweier	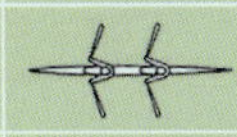	OS WM	OS WM	OS WM	OS WM
4x Doppelvierer	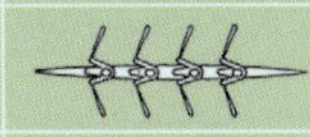	OS WM	WM	OS WM	WM
2- Zweier ohne	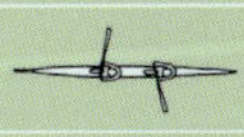	OS WM	WM	OS WM	WM
4- Vierer ohne	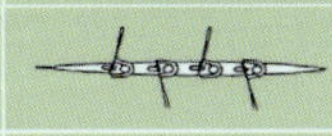	OS WM		OS WM	
8+ Achter	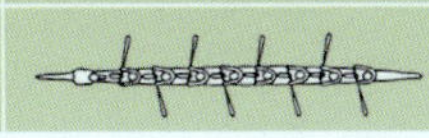	OS WM		OS WM	

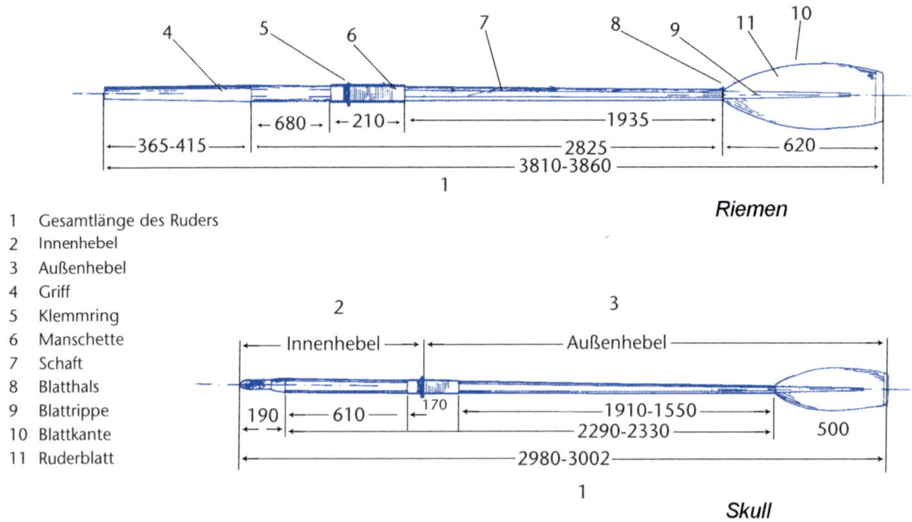

Abb. 4: Riemen und Skull: (Zeichung: Oskar Loewe)

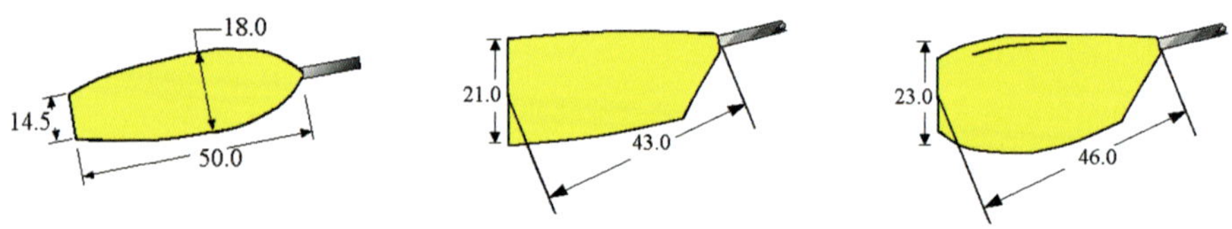

Abb. 5: Die drei verschiedenen Blattformen, welche sich im Wesentlichen durchgesetzt haben.

Hier die Skullblätter mit den Hauptabmessungen in Zentimetern:

a) „Macon"

b) „Big Blade"

c) „Fat Blade"

2.5 Das Trimmen von Booten

Im Rudern versteht man unter **Trimmen** die Anordnung und Anpassung des Geräts (Boot und Ruder) an die konstitutionellen und konditionellen Bedingungen des Ruderers sowie die spezifischen Verwendungs- und Einsatzmöglichkeiten. Eine falsche Bootseinstellung kann rudertechnische Probleme, Unbehagen, aber auch körperliche Überlastungen und Schädigungen hervorrufen, z. B. der Unterarme und des Rückens.

Durch die korrekte individuelle Anpassung erreicht man:

- leichteres Lernen für den Anfänger und für Fortgeschrittene;
- die Ausnutzung der individuellen körperlichen und physiologischen Leistungsfähigkeit;
- eine effektivere und ökonomischere Ruderarbeit;
- eine Vorbeugung gegenüber gesundheitlichen Überlastungen und Schädigungen;
- eine bessere mannschaftsinterne Zusammenarbeit.

Viele Bootswerften haben ein Baublatt für Gigs und Rennboote entwickelt, in das man bei der Bestellung eines Boots wesentliche Angaben eintragen kann:

Bauweise

- Das durchschnittliche Körpergewicht der Mannschaft(en), für die das Boot gedacht ist;
- die mittlere Dollenhöhe, bei Skullbooten: Überhöhung Steuerbord oder Backbord;
- der minimale und maximale Dollenabstand;
- die Art der Riggerung;
- die Stellung der Dolle zum Hauptspant;
- die Rollbahnlänge;
- die Bauweise des Rollsitzes;
- die Schuhgröße, Stemmbrettneigung, Stemmbretthöhe, Schienen;
- die Anpassung des Steuerschuhs auf Back- oder Steuerbord
- sowie die Art der Dolle, Anlage an der Dolle.

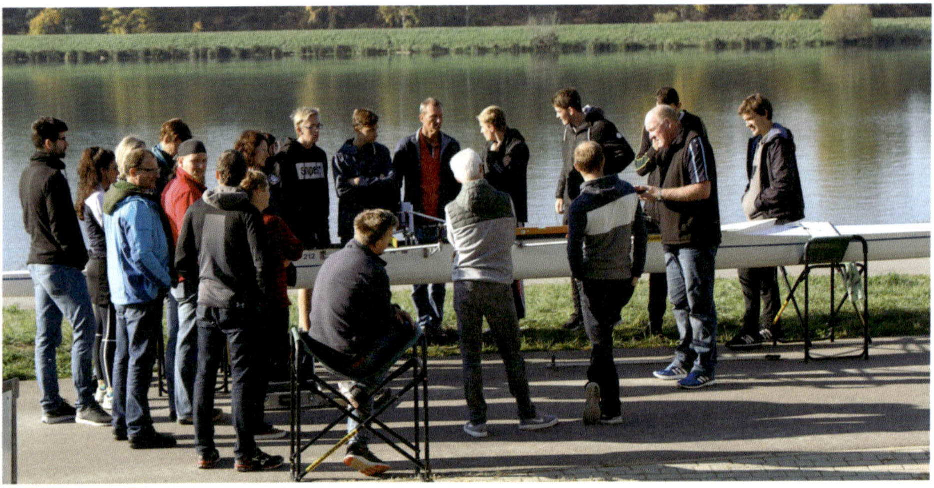

Das Einstellen des Stemmbretts und die richtig getrimmten Boote erleichtern das Lernen.

Die wesentlichen Schritte beim Trimmen

Verschiedene Einstell- oder Verstellmöglichkeit am Boot ermöglichen die individuelle Anpassung.

Eine sinnvolle Vorgehensweise beim Trimmen von Booten verläuft in folgenden Schritten:

1. Festlegung des Verwendungszwecks für Boot und Ruder.
2. Festlegung des Benutzerkreises (z. B. durchschnittliches Körpergewicht, Körpergröße).
3. Anschrauben der Ausleger (Festlegung der mittleren Dollenhöhe).
4. Das Boot in die Waage legen (Querrichtung) und festspannen.
5. Lotrechtigkeit des Dollenstifts überprüfen.
6. Messen der Dollenhöhe von der Bordwand oder der Rollbahn aus, Dollenhöhe einstellen.
7. Abstand des Dollenstifts oder der Rollbahn in Bootslängsrichtung einstellen.
8. Dollenabstand einstellen.
9. Dollenneigung einstellen (Messung an der Dolle und am Blatt).
10. Schrauben festdrehen.

Im Vereinsbetrieb sollten alle Boote regelmäßig (im Sommer: im Abstand weniger Wochen) in ihren Abmessungen überprüft und dem Anwendungsbereich angepasst werden.

Dies ist zudem eine gute Gelegenheit, Ruderer in das Trimmen der Boote einzuweisen und die Zusammenhänge zwischen Bootseinstellung und Rudertechnik zu verdeutlichen.

Für das Trimmen von Booten sollte der Werkzeugkoffer folgendes Werkzeug beinhalten:

- Gabelschlüssel: 10/11, 13/14, 17/19;
- Schraubendreher, verschiedene Größen und Einsätze;
- Wasserwaage, Zollstock, Anlagemessgerät, Lotrechtmessgerät;
- Höhenmessgerät oder Messlatte;
- zwei Schraubzwingen und zwei Dachlatten;
- Zubehör: Ersatzschrauben, -muttern, Dolleneinsätze, Winkelmesser.

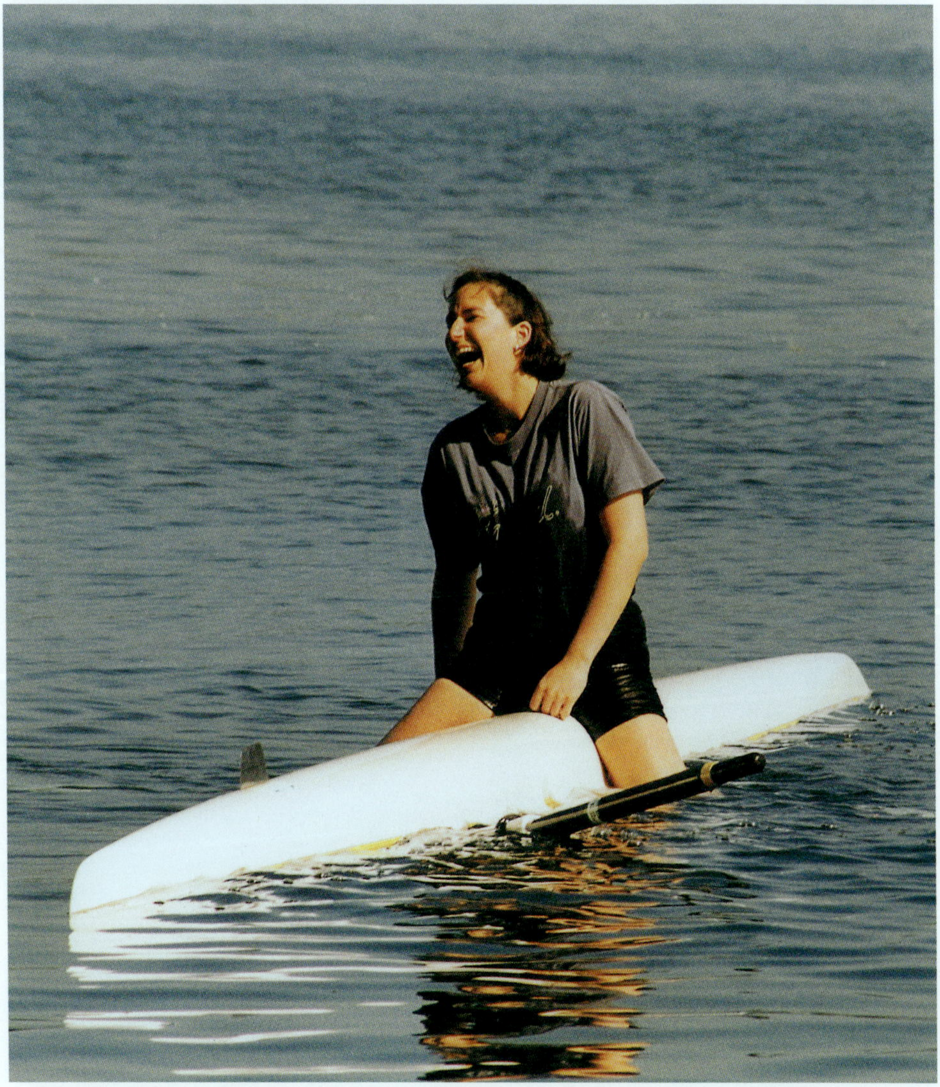

Das lag nicht an der Trimmung.

Tab. 3: Checkliste für die Bootseinstellung

Dolle	Allg. Rudern	Wander-rudern	Kinder/ Schüler	Renn-rudern	Verstell-/Einstellmöglichkeiten	Welches Werkzeug?
Dollenhöhe	X	X	X	X	Auslegerloch, Unterlegscheiben	Höhenmessgerät, Messlatte, Wasserwaage
Dollenabstand	–	–	X	X	Verschieben der Dollen am Ausleger	Zollstock/Metermaß
Dollenstift	–	–	–	X	Lotrechtstellen	Lotrechtmessgerät
Anlagewinkel	–	–	X	X	Dolleneinsätze, Inserts	Anlagemessgerät, Wasserwaage
Rollbahn						Metermaß
Längsrichtung	–	–	X	X	Länge der Rollbahn, Verschieben in Längsrichtung	
Stemmbrett	X	X	X	X	Versetzen in Bootslängsrichtung	Eventuell Winkelmesser
Längsrichtung						
Stemmbrettneigung	–	–	–	X	Veränderung des Neigungswinkels	
Stemmbretthöhe	X	X	X	X	Höher/tiefer setzen der Ruderschuhe/Fersenkappe	
Ruder						
Anlage	–	–	–	–	Neue Manschette anpassen	Anlagemessgerät
Ruderlänge	–	–	–	X	Verlängern/Verkürzen des Ruders	Metermaß
Hebelverhältnis	X	X	X	X	Versetzen der Klemmringe	Metermaß
Blattform	–	–	–	X		
Steuer						
Form	–	–	–	X	Austausch des Steuers	
Fußsteuer bb. oder stb.	X	X	–	X	Anpassung der Steuerleine, Wechsel des Schuhs	

Stemmbrett

Die Stemmbretteinstellung beeinflusst die gesamte Rudertechnik, die Effektivität und die Ökonomie der Ruderbewegung, indem sie in hohem Maße den Ruderwinkel bestimmt. Für alle Bootstypen sollten deshalb die Verstellmöglichkeiten des Stemmbretts in Längsrichtung und in der Fersenhöhe Voraussetzung sein.

Im Rennrudern werden Spezialschuhe am Stemmbrett befestigt; sie ermöglichen den Ruderern eine bessere Kraftübertragung und bieten einen festeren Halt. Verstellbar ist zudem noch die Neigung, d. h., der Winkel des Stemmbretts zur Horizontalen (in der Regel etwa 40-45 Grad).

Folgendes bewirken die Einstellungen am Stemmbrett:

Je weiter das Stemmbrett in Richtung Heck verstellt wird,

- desto größer ist die Auslage.
- umso eingeschränkter ist die Rücklage, der Rollweg und der Platz zum Ausheben am Körper.

Je weiter das Stemmbrett in Richtung Bug verstellt wird,

- umso kleiner ist der Auslagewinkel.
- umso mehr Platz besteht für das Ausheben des Körpers.
- umso mehr hat der Ruderer unter Umständen Probleme mit der Beinfreiheit.

Je höher die Fersenkappen (Schuhe) am Stemmbrett sind,

- umso schwieriger kommt der Ruderer in die Auslage.
- umso mehr Kraft muss der Ruderer aufwenden, um den Rollsitz heranzuziehen.

Je niedriger die Fersenkappen (Schuhe) am Stemmbrett sind,

- umso weniger geht die Stoßrichtung der Beine in die Horizontale.
- umso leichter kommt der Ruderer in die Auslage und
- umso eher stoßen seine Waden am Querlager an.

Je steiler das Stemmbrett,

- umso wirkungsvoller ist der Endzug.
- umso weniger Kontakt hat die Ferse zum Stemmbrett und
- umso schwieriger wird eine weite Auslageposition.

Je flacher das Stemmbrett,

- umso bequemer ist die Körperposition in der Auslage.
- umso mehr werden die Füße in der Rücklage überstreckt.

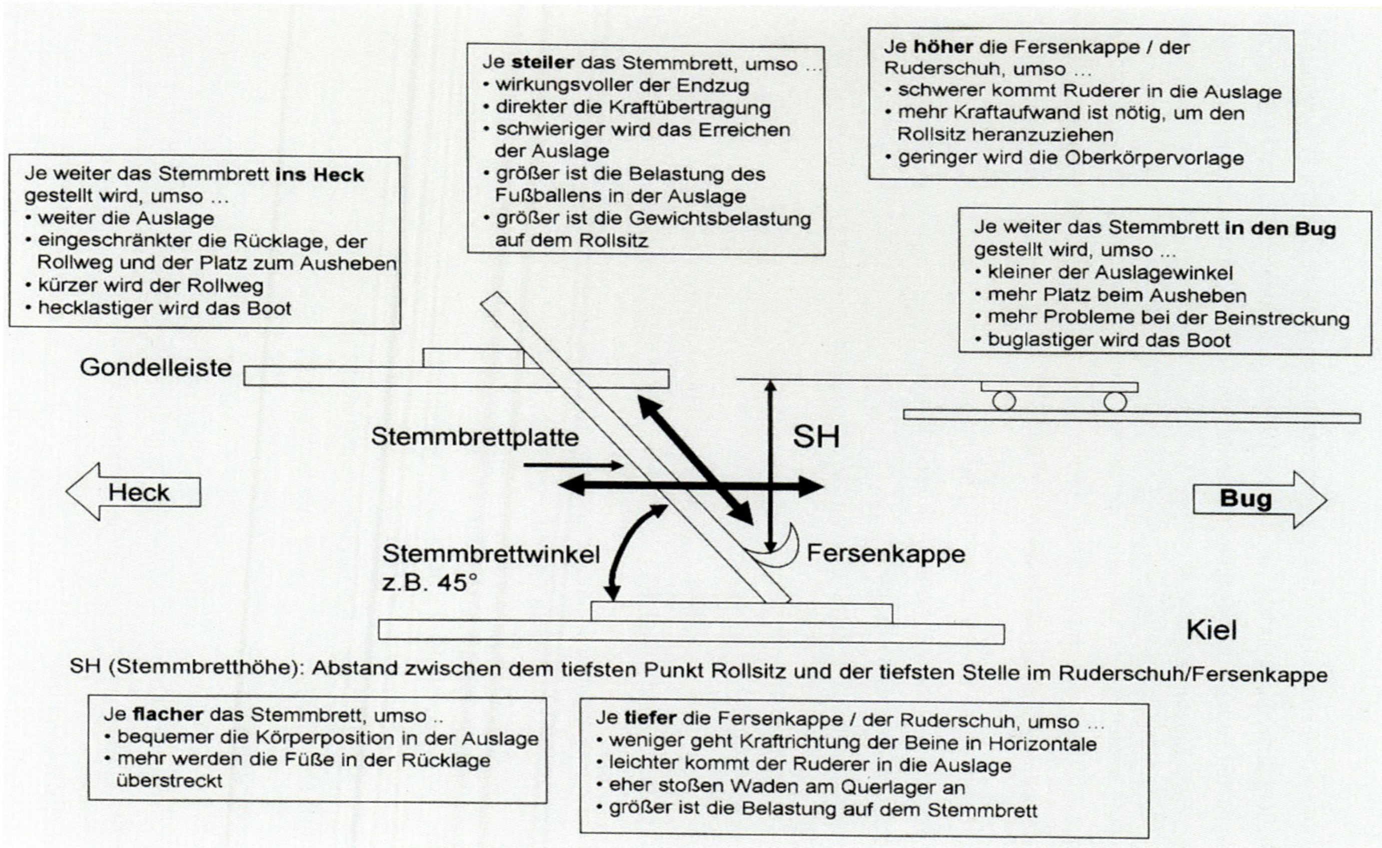

Abb. 6: Verstellmöglichkeiten am Stemmbrett und Konsequenzen für die Ruderarbeit (aus: Fritsch, 2006, S. 46)

Rollsitz und Rollbahn

Die Rollbahn besteht aus zwei Rollschienen, die je nach Bootsbreite eine Spurbreite von 16,5, 23 und 28 Zentimetern aufweisen. Sie steigt zum bugseitigen Ende ca. 1,5 Zentimeter an und wird im Rennboot zwischen 2-8 Zentimeter heckwärts und in den Übungs- und Wanderbooten 0-3 Zentimetern heckwärts der Anlagefläche der Dolle eingerichtet. Diese Einstellung beeinflusst die Stellung des Ruderers zur Dolle im ersten Teil des Zugs.

Ausleger und Dolle

Von den Auslegern erwartet man eine hohe Druck- und Verwindungssteifigkeit und ein geringes Gewicht. Je nach Verwendungszweck werden Ausleger aus Stahl, Aluminium oder Kohlefaser hergestellt. Heute sieht man meist Flügelausleger (Kohlefaserkonstruktionen oder Aluminium), die quer über das Boot aufgesetzt werden.

Extreme Belastungen an der Dolle fängt ein senkrecht stehender Dollenstift (aus Stahl) auf, auf den Kunststoffdollen aufgesetzt sind. Neben der Stemmbretteinstellung stellt das Einstellen der Ausleger und der Dolle den wichtigsten Teil des Trimmens dar. Zusätzlich zur Höheneinstellung der Ausleger und Dollen ist der Dollenabstand und der Anlagewinkel verstellbar.

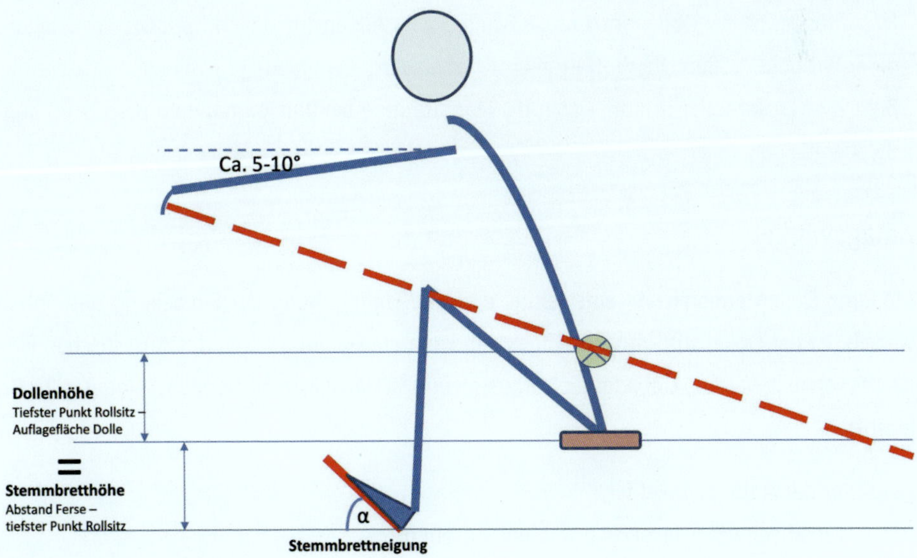

Abb. 7: Modell für eine Bootseinstellung (Grundeinstellung)

Je höher die Dolle (über dem tiefsten Punkt des Rollsitzes) ist,

- umso größer ist die Bewegungsfreiheit bei der Handführung.
- umso instabiler wird die Lage des Boots.

Je niedriger die Dollenhöhe ist,

- umso stabiler ist die Bootslage.
- umso eher bleibt man an Oberkörper und Beinen hängen.

Je größer der Dollenabstand ist,

- umso kleiner wird der Arbeitswinkel.
- umso größer wird das Kraftmoment.
- umso weicher kann das Hebelverhältnis gewählt werden.
- umso geringer ist der Übergriff beim Skullen.
- umso größer ist die Belastung für den Ausleger.

Je geringer der Dollenabstand ist,

- umso höher erscheint der Druck am Blatt.
- umso größer kann der Arbeitswinkel der Ruder werden.
- umso größer ist der Übergriff der Ruder beim Skullen.

Für Anfänger ist der Dollenabstand im Skullboot im Allgemeinen nicht zu klein einzustellen, da er mit dem großen Übergriff Probleme haben wird. Eine niedrige Dollenhöhe macht ein Boot zwar lagestabiler, schränkt aber die Handführung ein und kann die Körperarbeit negativ beeinflussen.

Anlagewinkel

Moderne Dollen ermöglichen eine relativ einfache Handhabung der Einstellung des Anlagewinkels. Ist der Dollenstift lotrecht eingestellt, kann die Neigung durch das Austauschen eines Inserts verstellt werden. Unbedingte Voraussetzung ist der senkrecht (lotrecht) eingestellte Dollenstift.

Je größer der Anlagewinkel ist,

- umso schwerer lässt sich das Blatt drehen.
- umso weniger unterschneidet das Blatt.
- umso kleiner ist der Winkel des Ruders zum Wasser.

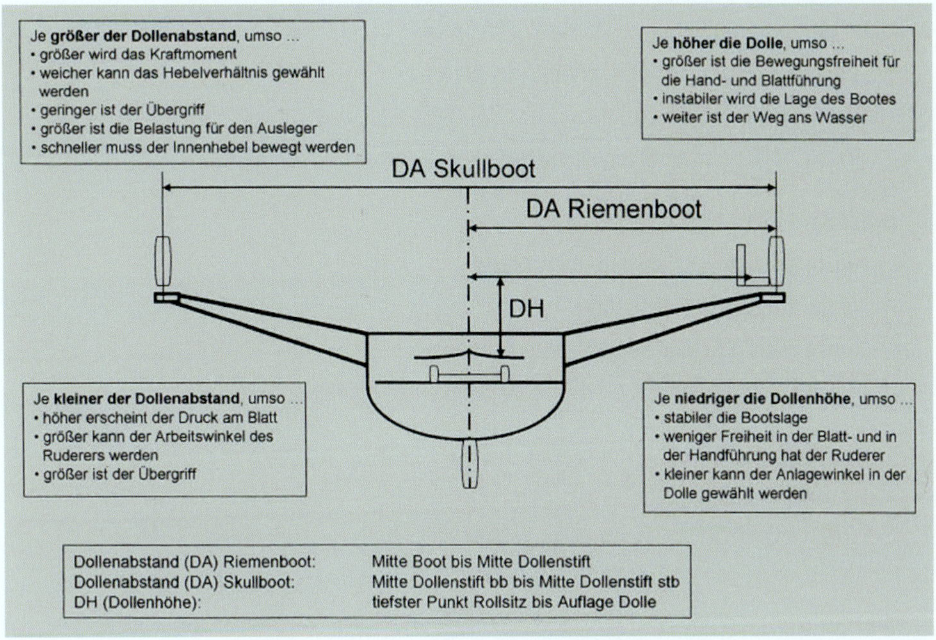

Abb. 8: Dollenabstand

Je kleiner der Anlagewinkel ist,

- umso vortriebswirksamer ist die Ruderarbeit.
- umso tiefer taucht das Blatt ein.
- umso leichter kann das Blatt gedreht werden.

Riemen und Skulls

Meist beruht die eingebaute Anlage bei Riemen und Skulls auf einem von der Werft mit 3-4 Grad vorgegebenen Standard. Die Angaben bei der Bestellung der Ruder beziehen sich auf die Blattform, die Länge der Ruder, eventuell noch die Steifigkeit, die sich aufgrund neuer Kunststoffmaterialien gut dosieren lässt. Mithilfe des Klemmrings wird das Verhältnis zwischen Innen- und Außenhebel eingestellt; neuere Ruder ermöglichen auch die Längenverstellbarkeit um einige Zentimeter, womit sich ihr Einsatzbereich erweitert.

Je länger das Ruder ist,

- umso größer und/oder kräftiger sollte der Ruderer sein.
- umso größer sollte die Bootsgeschwindigkeit sein.
- umso schneller sollten die Ruder an den Umkehrpunkten geführt werden können.

Je kürzer der Innenhebel ist,

- umso länger ist der Wasserweg des Blatts.
- umso höher ist der Druck.
- umso höher ist die Blattgeschwindigkeit bei gleicher Schlagfrequenz.

Je länger der Innenhebel ist,

- umso leichter ist das Hebelverhältnis.
- umso kürzer ist die Auslage.
- umso mehr Rücklagewinkel ist erforderlich.
- umso niedriger ist die Blattgeschwindigkeit bei gleicher Schlagfrequenz.

Tab. 4: Längenempfehlungen für Ruder (Macon-Blatt und Big Blades)

Altersklasse /Einsatzbereich	**Macon-Blatt (cm)**		**Big Blade (cm)**	
	Skull	Riemen	Skull	Riemen
Jungen und Mädchen (JC, JD)	285-294			
Junioren B	294-298	378-382	286-289	
Juniorinnen B	294-298	375-380	286-288	
Junioren A			287-290	372-376
Juniorinnen A			286-288	370-374
Frauen (Senioren B und Elite)			287-290	372-375
Männer (Senioren B und Elite)			288-291	374-376
Allgemeiner Ruderbetrieb	295-298	375-382	287-289	372-374
Wanderrudern	295-298	375-380	287-289	370-374

Tab. 5: Dollenabstand und Innenhebellänge (Empfehlungen)

Bootsklassen	Dollenabstand (cm)	Innenhebellänge (cm)
1x	158-162	87-89
2x	158-160	87-89
4x/4x+	158-160	87-88
2-	85-87	116-117
4-/4+	84-85	115-116
8+	82-84	113-114
Gig 2x, 3x, 4x	160-162	86-87
Gig 4+, 8+	83-84	112-114
Kinder Skullboot	158-160	86-88

Folgende Richtwerte bieten sich unter Beachtung der oben angeführten Hinweise an.

1. Abstand Ferse – tiefste Stelle des Rollsitzes (je nach Unterschenkellänge) 15-20 Zentimeter.
2. Dollenhöhe Skullboot 15-18 Zentimeter (Unterschied Backbord/Steuerbord 0-1,5 Zentimeter).
3. Dollenhöhe Riemenboot 14-17 Zentimeter.
4. Anlage am Ruder: 0-4 Grad (Big Blade: 0-3 Grad).
5. Dollenstift: Außenneigung null Grad.
6. Anlage insgesamt (Dolle und Ruder): 3-8 Grad.
7. Neigung des Stemmbretts zur Bootslängsachse: 40-46 Grad.

Neben dem Erlernen der ruderischen Fertigkeiten und der Rudertechnik sollte sich jeder Ruderer auch Grundkenntnisse für die Anpassung des Ruderplatzes, einfache Trimmvorgänge wie auch ein hinreichendes Verständnis für die (bio-)mechanischen Zusammenhänge von Boots- und Rudertechnik aneignen.

Bootseinstellungen und die Richtwerte ändern sich mit dem Wandel körperlicher und konditioneller Bedingungen. Sie können auch für ein und dieselbe Person in Abhängigkeit von der ruderischen Zielsetzung wechseln. So stellt der Ruderer sich sein Stemmbrett auf einer Wanderfahrt merklich bequemer ein (in Richtung Bug, Fersenkappen nach unten) als in einem Rennboot (direktere Kraftübertragung durch andere Stemmbretteinstellung), mit dem der gleiche Ruderer leistungssportliche Ziele verfolgt. Auch mit sich ändernden Partnern und Mannschaften müssen oftmals bootstechnische (wie auch rudertechnische) Anpassungen vorgenommen werden.

2.6 Die Lagerung der Boote

Die Boote sollten bei der Lagerung in der Halle auf allen vier Auflagepunkten gleichmäßig belastet werden und die Abstände zwischen den Lagern sollten nicht zu eng oder zu weit sein.

Deshalb ist es sinnvoll, für den langen Achter drei Auflageflächen (= sechs Auflagepunkte) vorzusehen. Prinzipiell werden die Boote in der Halle kieloben gelagert.

Für die Lagerung außerhalb der Halle finden verschiedene Arten von Böcken Verwendung, die alle auch eine Lagerung kieloben ermöglichen sollten:

- Der normale Bock zur Lagerung des Boots kieloben, um den Bootskörper zu putzen oder um das Boot bis zur weiteren Verwendung auf dem Bootsplatz zu lagern.
- Der Gurtbock, um das Boot kielunten zu lagern. So kann es, relativ stabil liegend, von innen gesäubert oder getrimmt werden.
- Der Klappbock; er ist, ähnlich wie der Gurtbock, gedacht zur offenen Lagerung des Boots; er ist zudem geeignet für die Verwendung auf Regatten.

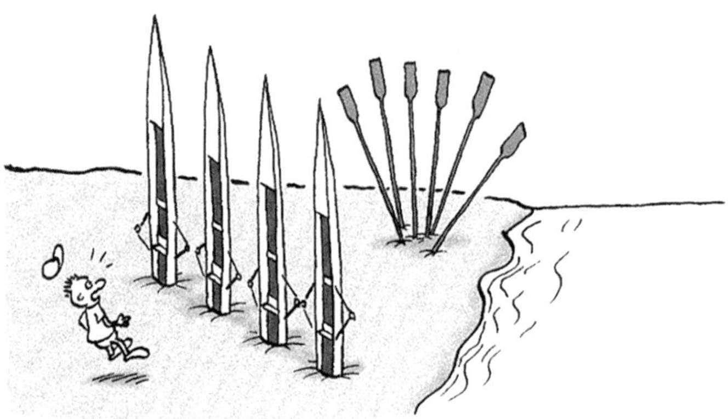

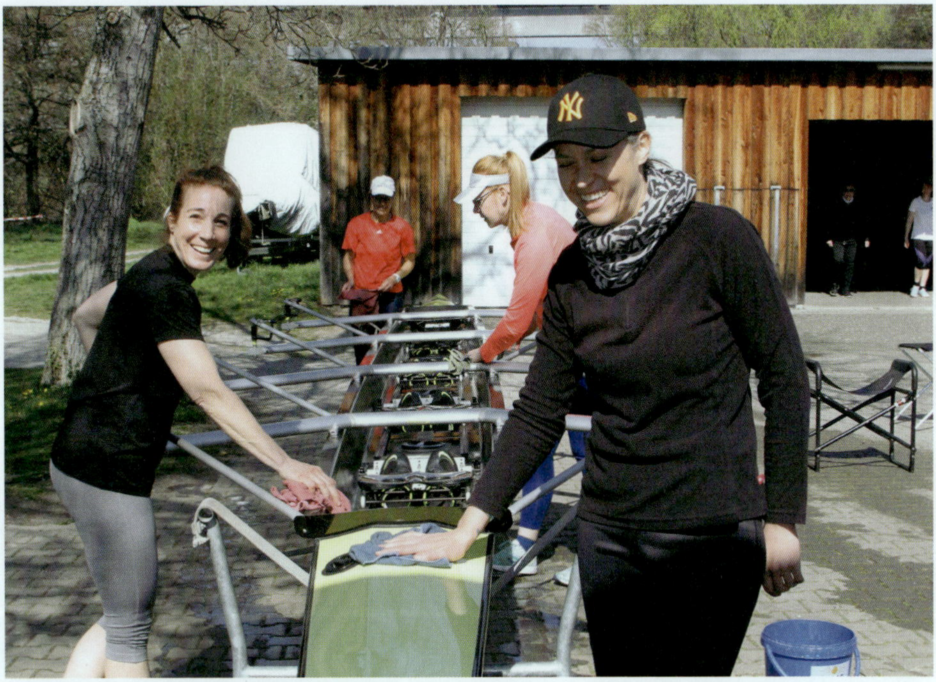

Pflege des Boots nach der Ausfahrt

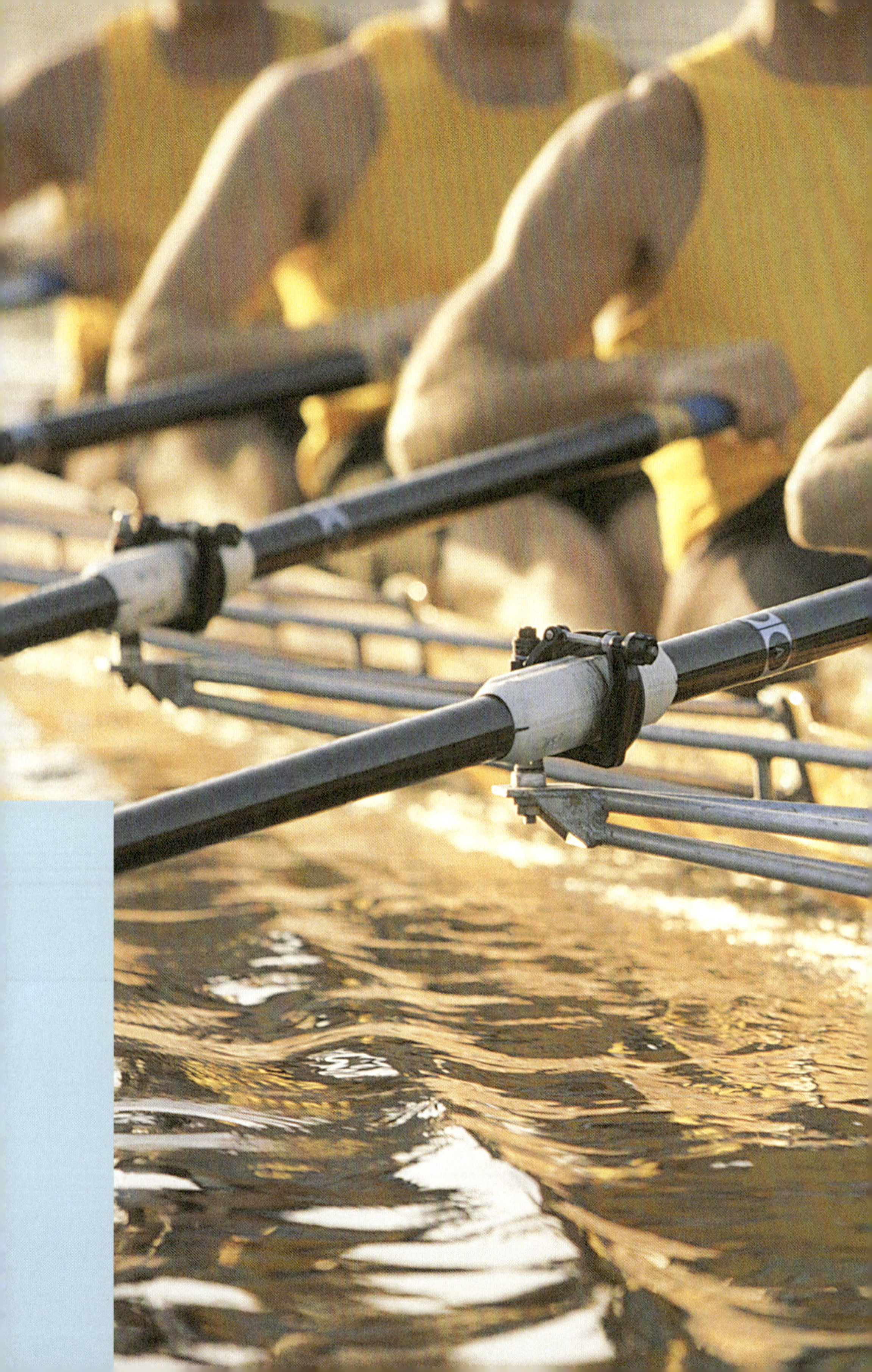

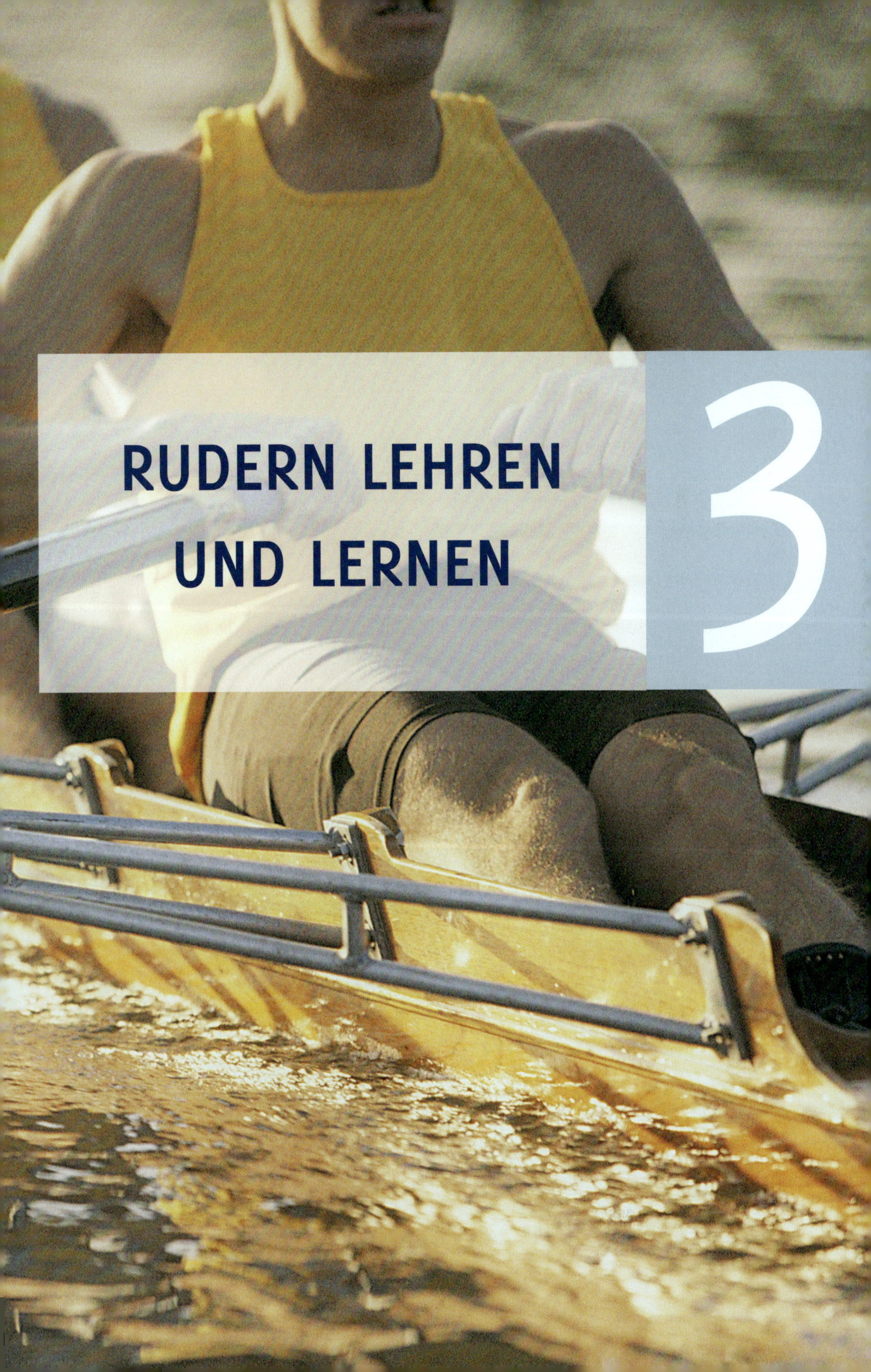

3 RUDERN LEHREN UND LERNEN

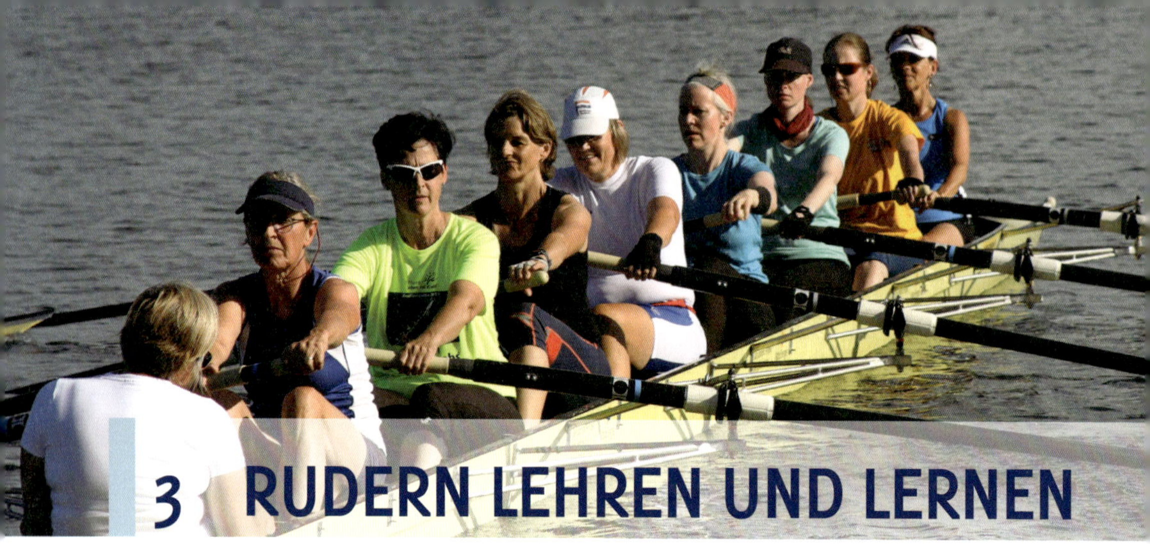

3 RUDERN LEHREN UND LERNEN

3.1 Ziele einer Ausbildung im Rudern

Wer Rudern lernen möchte, benötigt sachkundige Anleitung.

Wie stellen wir uns das Rudernlernen vor?

Die Aneignung von Bewegungsfertigkeiten ist ein komplexer dynamischer Prozess, der von vielen dauerhaften und situativen Bedingungen abhängig und individuell ausgeprägt ist. Dabei spielen Alter, Genetik, Geschlecht, Psyche, Kognition und Bewegungserfahrungen eine entscheidende Rolle.

Die Vermittlung von erforderlichen Fertigkeiten und Kenntnissen steht im Mittelpunkt einer Anfängerausbildung im Rudern. Gleichwohl sind für die Ausbildung im Hinblick auf die Möglichkeiten dieses Sports weitere Zielsetzungen zu beachten:

1. Das Erlernen der Sportart soll Freude und Spaß machen, dem Lernenden soll die faszinierende Vielfalt dieses Sports nähergebracht werden, damit er gerne rudert und nach oder während der Ausbildung einem Ruderverein beitritt und sich dort eingebunden fühlt.
2. Es sollen Bewegungsfertigkeiten gelernt werden, die es ermöglichen, das Rudern selbstständig, gemeinsam mit andern und mit einer hinreichenden Sicherheit für die Mannschaft und das Material auszuüben. Dabei ist darauf zu achten, dass sich der Anfänger aufgrund von Fehlern in der Bewegungsausführung nicht überfordert oder überlastet.
3. Für die weitere Entwicklung und die Ausübung der Sportart in verschiedenen Situationen, unter verschiedenen Zielsetzungen sowie mit einer qualitativen Verbesserung der Rudertechnik ist bereits im Anfängerunterricht ein spezifisches Boots- und Bewegungsgefühl zu entwickeln. Dieses erlaubt es dem Sportler zukünftig, sich auch ohne permanente Instruktionen (selbstorganisiert) zu verbessern.

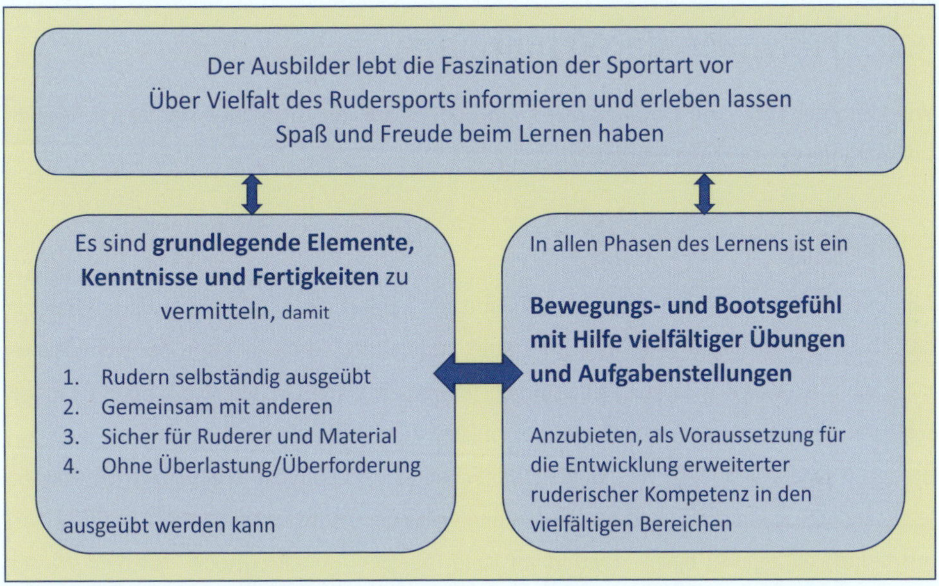

Abb. 9: Ziele der Anfängerausbildung (vgl. Fritsch 2006, 4. Auflage, S. 59; Fritsch: Rudern Basics, 2014, 4. Auflage, S. 60 sowie Fritsch & Nolte: Masterrudern, 2016, 2. Auflage, S. 79)

Das Rudernlernen besteht aus Bewegungsfertigkeiten und Techniken: z. B. Technik des Vorwärtsruderns, die Technik des Wendens, des Anlegens. Der Technikbegriff im Lernen von grundlegenden Bewegungen in der Ausbildung von Ruderanfängern unterscheidet sich jedoch vom Begriff der Rudertechnik. Hier ist Effektivität und Effizienz (maximalen Vortrieb erzeugen bei minimalem Widerstand) und Ökonomie (energetischer Aufwand: Nutzen) zentral für den Erfolg, neben den körperlichen Voraussetzungen konstitutioneller und konditioneller Art.

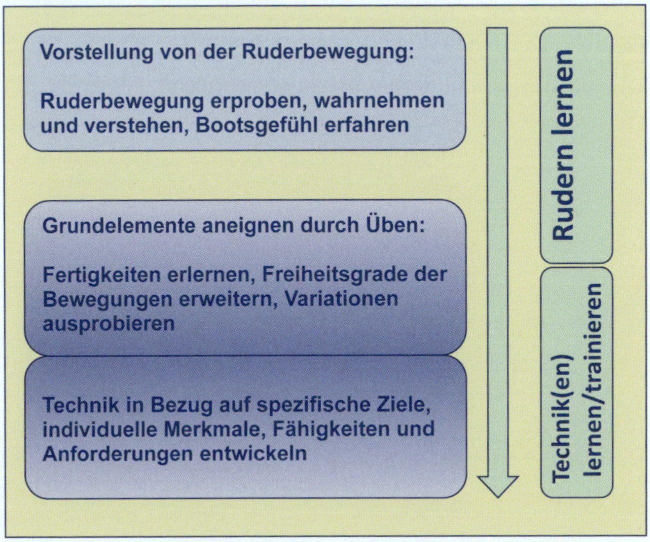

Abb. 10: Vorgehensweise in der Anfängerausbildung

3.2 Prinzipien der Vermittlung

Wie kann der Lern- und Übungsprozess im Rudern auf der Grundlage der beschriebenen Zielsetzungen unterstützt werden?

Lehrorganisation

Abhängig von den Gegebenheiten des Ruderreviers variiert die Anzahl der Ruderanfänger in den Gruppen. Auf einem verkehrsreichen, stark strömenden Gewässer kann der Übungsleiter nicht mehr als vier Anfänger beaufsichtigen (er steuert einen Gigvierer); auf einem windgeschützten See, der zudem noch relativ flach ist (zum Wiedereinstieg ins Boot), können durchaus bis zu 12 Ruderanfänger betreut werden. Zur Schonung des Bootsmaterials sowie zur Gewährleistung der Sicherheit während der Ausbildung wählt der Übungsleiter den richtigen Standort aus. Prinzipiell kann er einen Standort an Land (auf dem Bootssteg) oder auf dem Wasser, z. B. im Boot als Steuermann oder Mitrudernder, als Begleitung im Skiff oder im Motorboot (vgl. Abb. 11) einnehmen.

Bewegungs- und Übungsformen variieren

Bereits in der Grundausbildung soll der Lernende Erfahrungen mit den unterschiedlichen Bootsarten und -gattungen sammeln. Dabei ist es unerheblich, ob die ersten Erfahrungen im Mannschaftsgig, im Skull- oder Riemenboot oder auch im Skiff gemacht werden. Nicht das schnellstmögliche Erlernen ruderischer Bewegungsabläufe, sondern die vielfältigen Erfahrungen mit den unterschiedlichen Boots- und Ruderarten sowie den Mannschaftszusammensetzungen stehen im Vordergrund. Das oft formulierte Prinzip der Ruderausbildung „erst skullen - dann Riemenrudern" verliert seine absolute Gültigkeit unter der übergeordneten Zielsetzung.

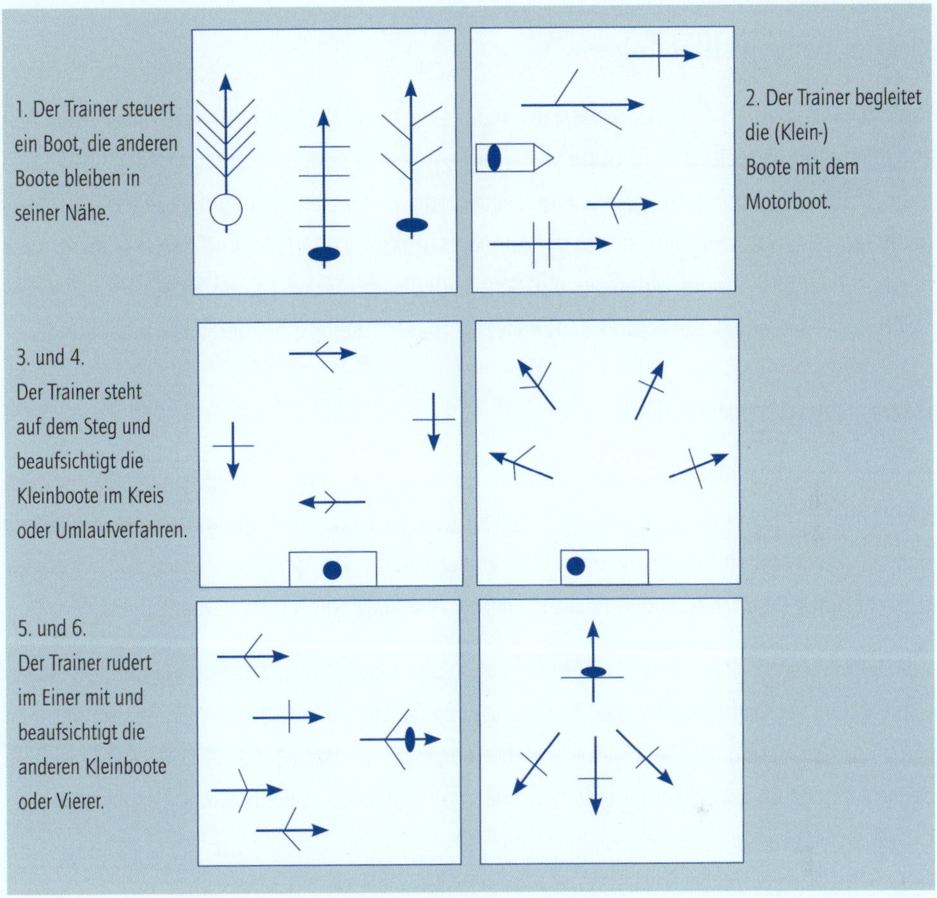

Abb. 11: Mögliche Standorte und Positionen des Ausbilders und Trainers

Zeit zum Üben und Zeit für Pausen nehmen

Den Übenden sollte genügend Zeit für das Üben einer Fertigkeit gegeben werden, sie sollten auch für einen gewissen Zeitraum sich selbst überlassen sein, ohne dass sie ein Trainer permanent korrigiert. Für das Erlernen neuer Bewegungen und neuer Erfahrungen benötigen die Ruderanfänger eine hohe Konzentration.

Deshalb sind Ruderanfängern Pausen zu gönnen. Zweimal 20 Minuten üben im Skiff oder kleinere Pausen in der Mannschaftsgig ermöglichen oftmals größere Fortschritte als ein zu langes Rudern ohne Pausen.

Zielgruppengerechtes Lehren

Rudern kann etwa ab dem 10. Lebensjahr und bis ins hohe Alter unter nahezu allen Voraussetzungen erlernt werden. Das günstige Lernalter liegt, wie in anderen Sportarten auch, zwischen dem 10. und 13. Lebensjahr. Auswahl und Schwerpunkte der Übungsangebote und die zielgruppengerechte Ansprache sollte sich in der Angebotsstruktur der Vereine und den Qualifikationen der Ausbilder und Trainer widerspiegeln. Sehr bedeutsam für das Lernen ist ein korrekt eingestelltes und passendes Boots- und Rudermaterial für eine zielgruppengerechte Ausbildung.

Bewegungsdemonstration

Die Vermittlung einer korrekten und konkreten Bewegungsvorstellung, die zudem mit Kenntnissen der Bewegungsfunktion verbunden ist, hilft dem Ruderer beim Lernen. Infolge direkter Rückmeldungen (Balance) wird das Skiff oft als optimaler Lehrmeister gepriesen, sollte aber in dieser Hinsicht durch Kenntnisse und Vorstellungen über den Bewegungsablauf ergänzt werden.

Die Demonstration durch den Übungsleiter selbst bleibt die effektivste Methode der Technikvermittlung. Bei der Demonstration der Bewegungsabläufe ist zu berücksichtigen, dass das Wesentliche an der Bewegung herausgehoben wird. Die Erklärung der Bewegung sowie die damit verbundenen Aufgabenstellungen erfolgt altersgemäß unter Verwendung der notwendigen Fachtermini.

Ganzheitliches Vorgehen

Da Rudern einen zyklischen Bewegungsablauf darstellt, ist bei der Vermittlung darauf zu achten, dass Rudern stets ganzheitlich gelehrt wird und nicht in zergliederten Teilbewegungen. Am Ende der ersten Ausfahrt muss als Ziel die Gesamtbewegung in der Mannschaft stehen. Eine Steigerung der Anforderungen erfährt der Lernende durch die erfolgreiche Bewältigung schwierigerer Bewegungsaufgaben, die dann auch mehr Zeit in Anspruch nehmen.

Bewegungsaufgaben stellen, Schwerpunkte setzen und Anreize schaffen

Jeder Lernschritt oder jedes Element sollte durch gezielte Bewegungsaufgaben ergänzt werden. Spiel- und Wettbewerbsformen bieten sich an, die nicht nur der Festigung erlernter Bewegungsabläufe und der Auflockerung der Ausbildung dienen, sondern vor allem jüngere Ruderanfänger motivieren. Hierbei können Schwerpunkte gesetzt und bestimmte Merkmale, wie z. B. Übungen zur Handführung, hervorgehoben werden.

Keine Musterlektionen, eher Unterrichtswerkstatt

Lernen kann durchaus als zweiseitiger Prozess gesehen werden; nicht nur der Lernende profitiert vom Lehrer, sondern auch der Ausbilder und Trainer bekommt aus den Reaktionen der Anfänger, der Bewegungswahrnehmung des Lernenden und im Austausch für sich selbst und seinen Unterricht neue Impulse.

Der Unterricht selbst erhält damit einen Eigenwert und steht nicht unter dem Diktat der Effektivität, Zeitminimierung, einer reinen Zweckorientierung oder unter einem im Spitzensport vertretenen Leitbild. Das Lern- und Rudererlebnis erweitert sich durch das Lernen in der Gruppe, die Freude über das Erreichte und spezifische Erfahrungen.

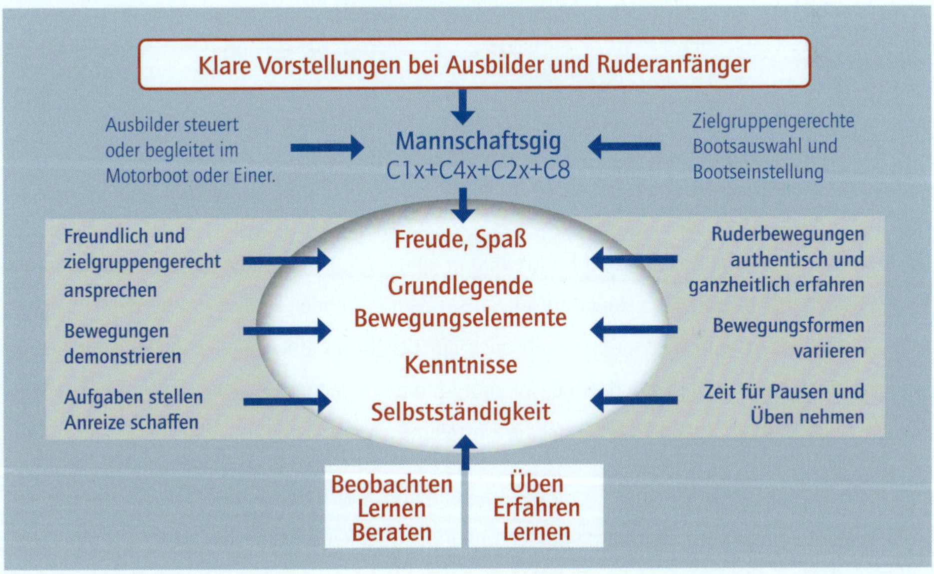

Abb. 12: Masterplan Ausbildung

3.3 Was soll, was muss der Ruderanfänger lernen?

Elemente des Rudernlernens

Dem Ruderanfänger werden bestimmte Grundelemente vermittelt, die als Voraussetzung für alle Bereiche und auf allen Zielebenen des Rudersports erforderlich sind. Die Elemente bauen sinnvoll aufeinander auf, dennoch kann die Schleife beliebig oft wiederholt werden. Sie verlaufen im Rahmen eines Ausbildungskurses gleichermaßen nacheinander und parallel, indem sie wiederholt Thema einer Einheit werden können.

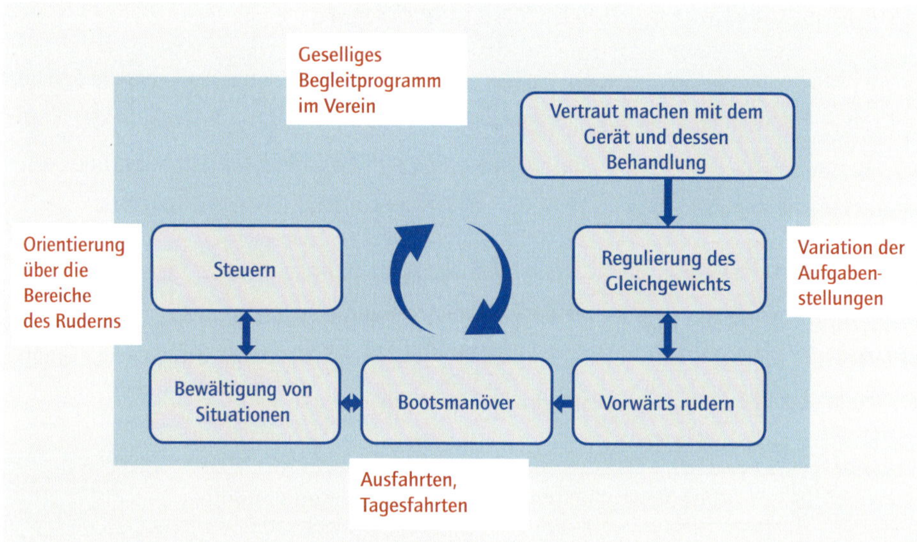

Abb. 13: Elemente des Rudernlernens (mod. nach Fritsch, 2006)

Die Vermittlung von Fertigkeiten und Fähigkeiten in einem Grundkurs sollte daher über die formalisierten Bewegungen, wie z. B. „gemeinsam vorwärts rudern", „Wenden können" hinausgehen. Wichtig ist es, den Ruderern ein Verständnis sowie auch ein Gefühl für Bewegungen und Reaktionen zu ermöglichen. Dieses Gefühl kann durch bestimmte Anforderungen und Zielsetzungen „errudert" werden. Voraussetzung ist, dass dem Anfänger die Einstellung vermittelt wird, ein aktiv Lernender zu sein.

Das methodische Vorgehen muss an die Gegebenheiten der Vereine und Gewässer angepasst werden. Boote müssen zur Zielgruppe passen und individuell einstellbar sein: Auslegerhöhe (hoch genug, mit Clips schnell anzupassen), Stemmbrett (in horizontaler und vertikaler Richtung), Rollbahn (verschiebbar, damit die Waden nicht aufgerissen werden). Korrekt eingestelltes Boots- und Rudermaterial erleichtert das Erlernen des Ruderns von Erwachsenen, Jugendlichen und Kindern um ein Vielfaches und vermeidet falsche und damit überlastende Bewegungsausführungen.

Mache den Anfänger vertraut mit dem Gerät und dessen Behandlung

Bevor der Anfänger ins Boot steigt, empfiehlt sich ein **Rundgang durch die Bootshalle** des Vereins. Anhand der dort gelagerten Boote lassen sich anschaulich die unterschiedlichen Ruder- und Bootsarten und auch die Bootsklassen und Bootsgattungen erklären. Auch lässt sich leicht ein Boot auf dafür vorgesehene Böcke legen, damit man den Aufbau sowie **die Funktion und den**

Gebrauch einzelner Teile, wie z. B. Rollsitz, Stemmbrett, Ausleger, Dolle und selbstverständlich Riemen und Skulls, veranschaulichen kann. Man sollte dabei nicht vergessen zu erwähnen, welche **Entwicklung das Bootsmaterial** in der nun über 180-jährigen Geschichte des Rudersports durchlaufen hat.

Weitere Hinweise beziehen sich auf den **Transport der Boote** zum Steg bzw. Wasser. Dabei sollten sich Ruderer mit jeweils etwa gleicher Körpergröße gegenüberstehen und zwar am bug- und heckwärtigen Teil des Bootes, nicht innerhalb des Auslegerbereichs. Das Skiff wird (noch) zu zweit getragen und zwar in der Weise, dass jeder der Träger ca. 1-1,5 Meter von den Bootsenden entfernt ist.

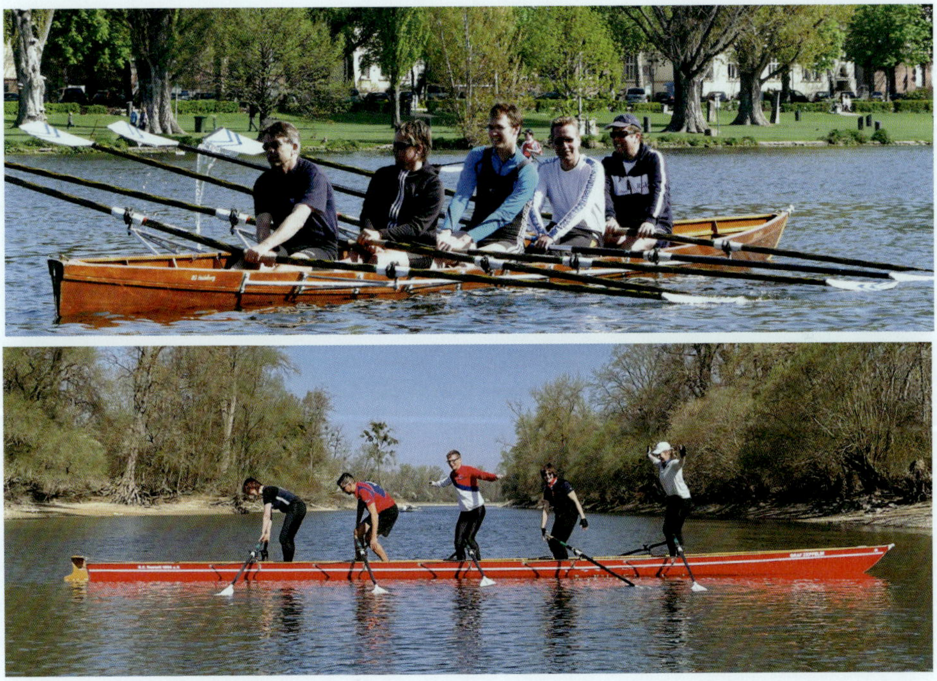

Schaukelübung und Balanceübung: Aufstehen im Boot

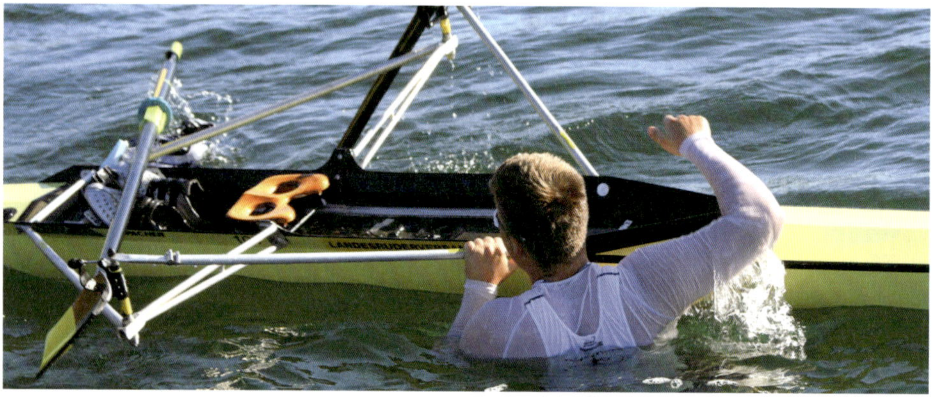

Das passiert auch den Besten einmal.

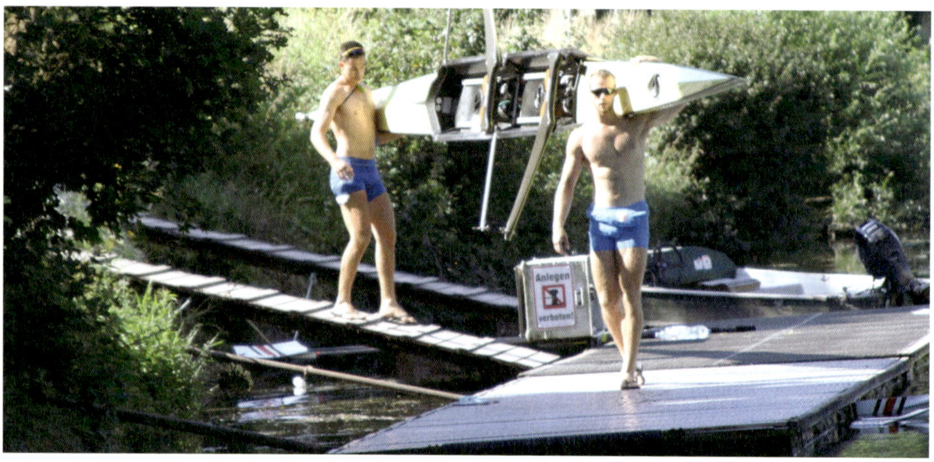

Ein Rennzweier wird zum Steg getragen.

Nachdem die Skulls oder Riemen zum Steg gebracht worden sind und dort so gelagert wurden, dass sie nicht der Gefahr einer Beschädigung ausgeliefert sind, trägt man das Boot zunächst auf den Händen aus der Halle und bringt es dann auf den Schultern zum Steg. Gigs werden in der Regel über ihren Außenkiel über den Steg oder eine dort angebrachte Rolle zu Wasser gelassen, schmalere Boote, wie die Kunststoffskiffs, seitlich ins Wasser gesetzt.

Der Ausbilder/Trainer demonstriert das **Einlegen der Skulls** oder Riemen in die Dolle; sie werden an der schmalsten Stelle des Schafts (Blatthals) in die Dolle eingesetzt und bis zum Klemmring in die Dolle hineingeschoben. Die zum Wasser hin zeigenden Ruder sind bis zum Einsteigen ins Boot quer über die Bordwände gelegt. Beim Einlegen der Ruder ist darauf zu achten, dass Backbord und Steuerbord nicht verwechselt wird und dass die Dollen beim Einstieg der Ruder zum Heck zeigen.

Diese erste Stufe schließt der Ruderanfänger mit der **Erklärung des Einsteigens** und der richtigen **Einstellung des Stemmbretts** durch den Trainer ab. Beim Einsteigen ist zu berücksichtigen, dass man nur auf die dafür vorbereitete Stelle, das Einsteigebrett zwischen den beiden Rollbahnschienen, tritt, während man die Skulls oder den Riemen mit der dem Wasser zugewandten Hand festhält. Der Rollsitz ist dabei hinter der Ferse des auf dem Einsteigebrett stehenden Fußes, die andere Hand hält sich am stegseitigen Ausleger oder am Steg selbst fest. Es hat sich als sinnvoll erwiesen, dass die Anfänger nacheinander einsteigen, während der Ausbilder/Trainer auf dem Steg das Boot hält.

Die Einstellung der Stemmbretter erfolgt auf stehenden Gewässern, wenn das Boot vom Steg abgelegt hat, sich also auf dem Wasser befindet. Dabei werden die Innenhebel zwischen Oberkörper und Oberschenkel geklemmt, während die Beine der Ruderer über die Bordwand gelegt oder auf die Bodenbretter (in der Gig) gestellt werden. Auf fließenden Gewässern sollte eine Grobeinstellung bereits am Steg stattfinden.

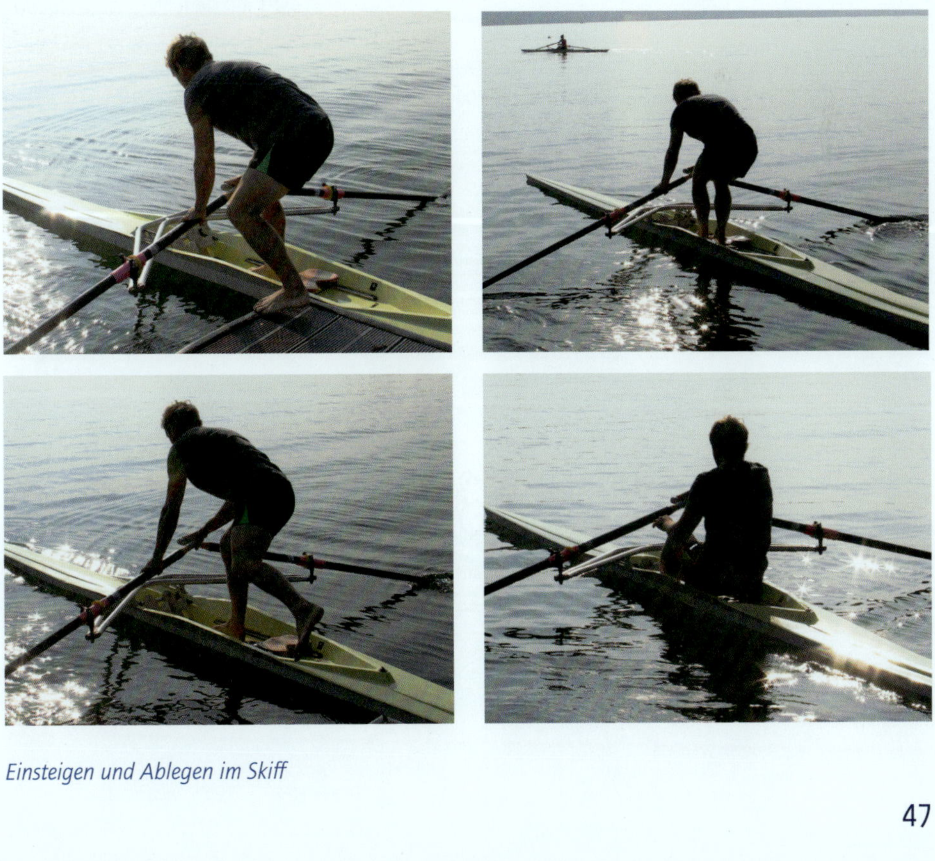

Einsteigen und Ablegen im Skiff

Tab. 6: Vertrautmachen mit dem Gerät und dessen Behandlung

TEILZIELE	FACHAUSDRÜCKE	HINWEISE/KORREKTUR
Information: Prinzipielle Boots- und Ruderarten, angemessene Ruderkleidung	Gigs, Rennboote, Skulls, Riemen, Dolle, Ausleger, Rollsitz, Rollbahn, Stemmbrett	Ruderkleidung?
Ruder (Skulls und Riemen), Steuer	Blatt, Schaft, Steuer, Manschette, Steuerleine	Lagerung der Boote
Behandlung des Materials, Tragen der Boote	Bug, Heck, Bordwand	Bootspflege, Aufstellung beim Tragen
Einsetzen und Herausheben der Boote	Kiel, Schwert	Gigs über Kiel, auf Ausleger achten; Kunststoffskiffs: auf das Schwert achten
Einlegen der Ruder	Backbord, Steuerbord	Ruder jeweils auf der richtigen Seite? Dollen in der richtigen Stellung? Blatt auf dem Steg mit Wölbung nach oben?
Ein- und Aussteigen	Einsteigebretter, Fußbretter	Ruder festgehalten? Dollen zugeschraubt? Rollsitzposition, nicht ins Boot treten.
Einstellen des Ruderplatzes	Innenhebel, Stemmbrett, Stemmbrettschraube	Schrauben fest? Kontrolle der richtigen Einstellung in der Rücklage

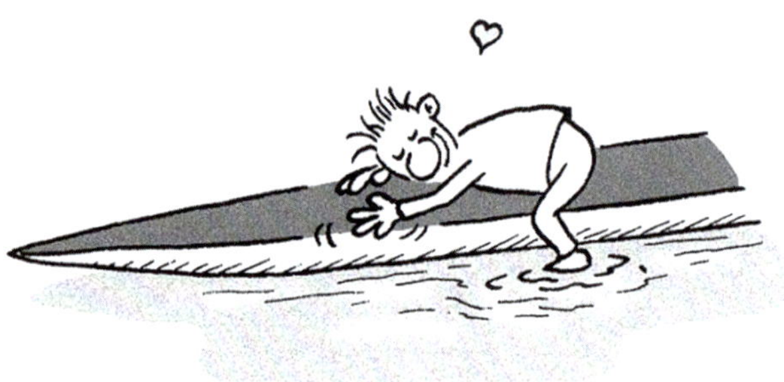

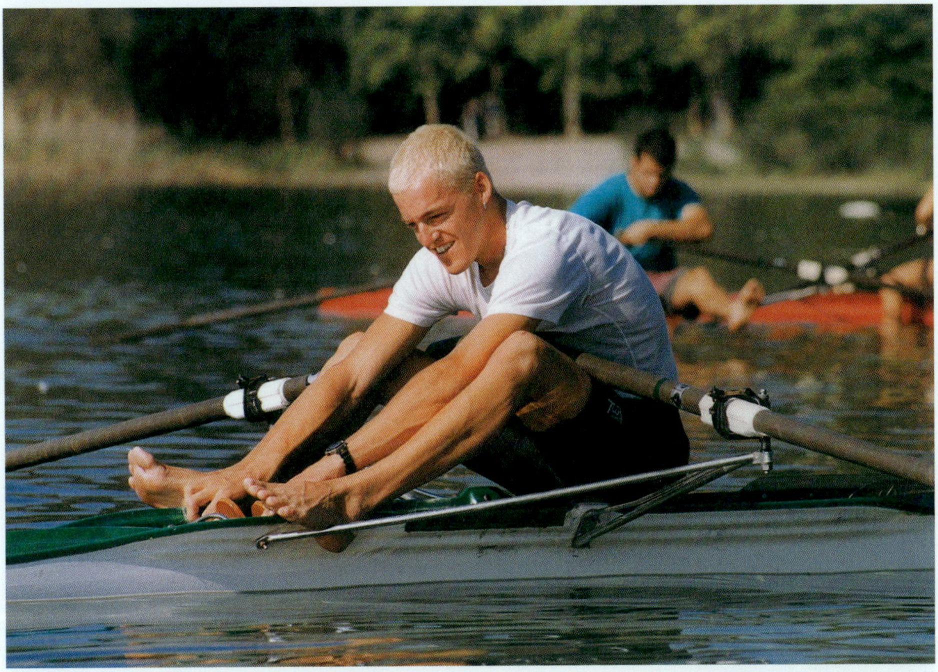

Einstellen des Stemmbretts im Übungsskiff

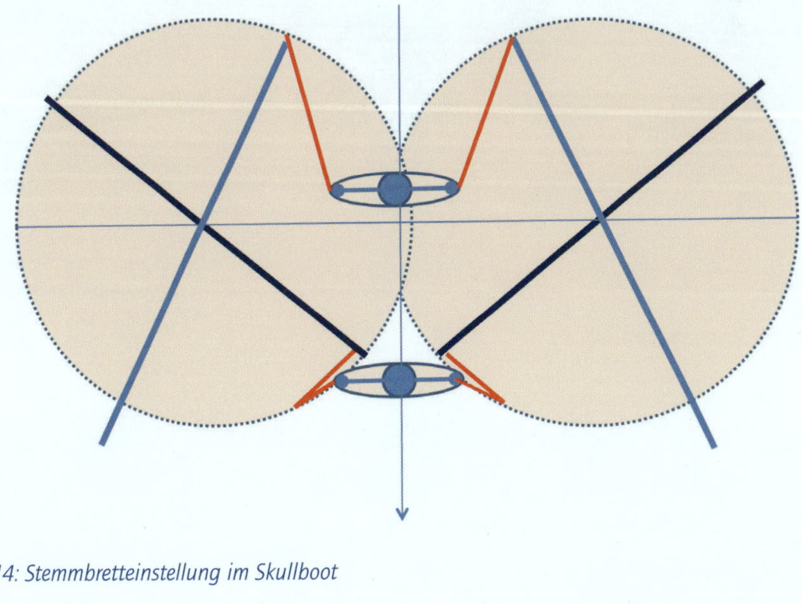

Abb. 14: Stemmbretteinstellung im Skullboot

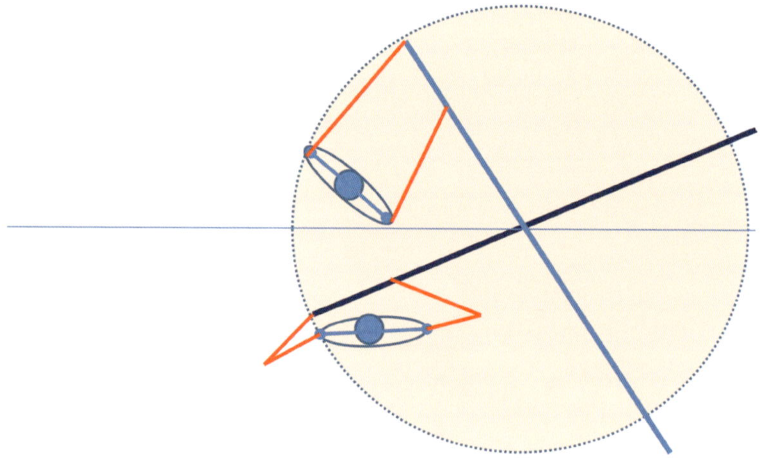

Abb. 15: Stemmbretteinstellung im Riemenboot

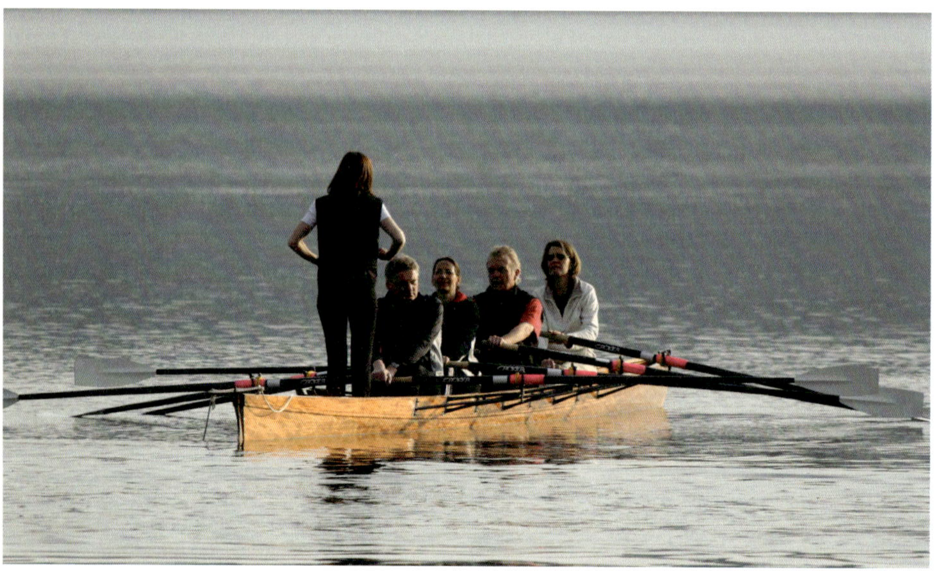

Erklärung der Stemmbretteinstellung

Gedächtnisstützen für das richtige Einlegen der Ruder:

- Farbband am Skull/Riemen und Ausleger vergleichen.
- Rotes Skull in der rechten Hand des Ruderers.

Check zum Einsteigen:

- Dolle – Skull – Rollsitz – Stemmbrett (DSRS)

Mit den Händen lassen sich nun die Stemmbrettschrauben lösen und das Stemmbrett kann eingestellt werden. Als Faustregel für das Einstellen der Stemmbretter in Skullbooten gilt: Bei ausgestreckten Beinen und leichter Rücklage sollten die Griffenden der Skulls gerade noch am Körper vorbeigezogen werden können. Im Riemenboot sollte der Innenhebel nur wenige Zentimeter über den Oberkörper hinausragen oder mit dem Oberkörper abschließen.

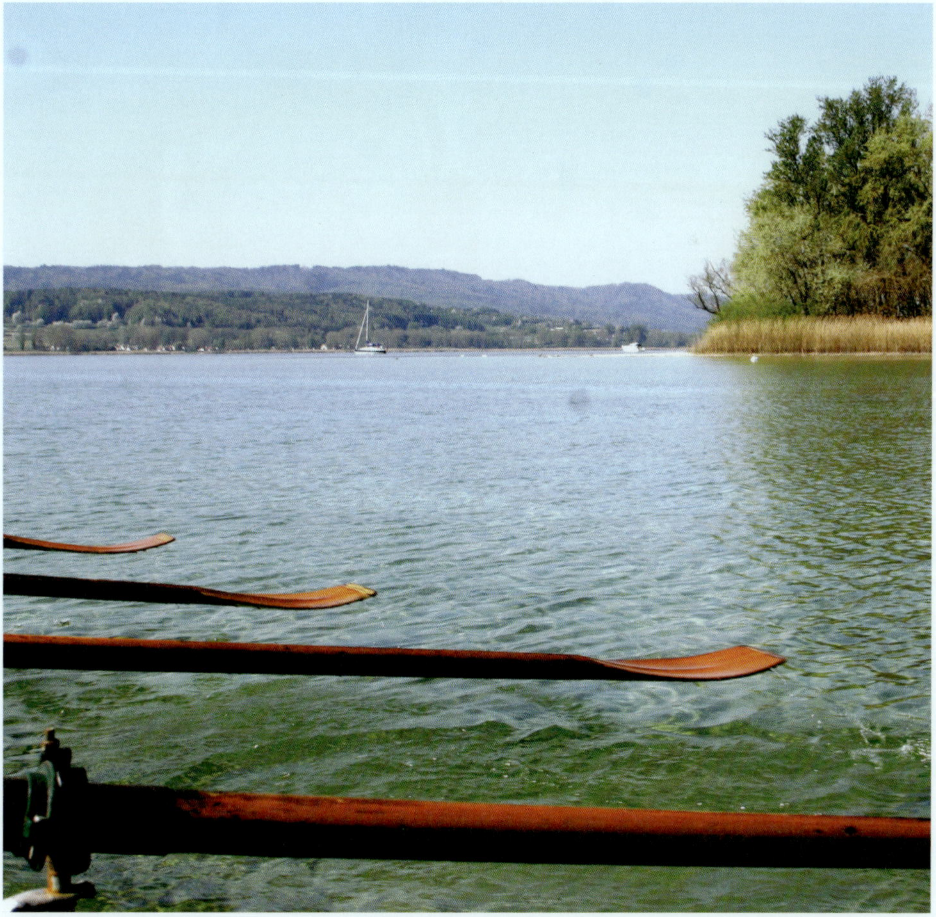

Im Gleichklang der Blätter um die Mettnau-Spitze

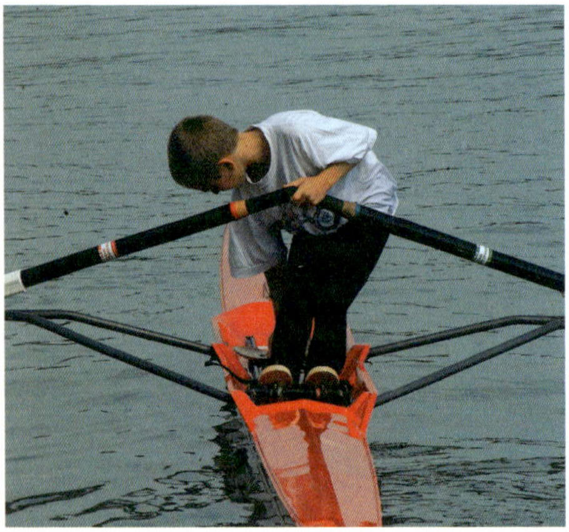

Schulung der Balance

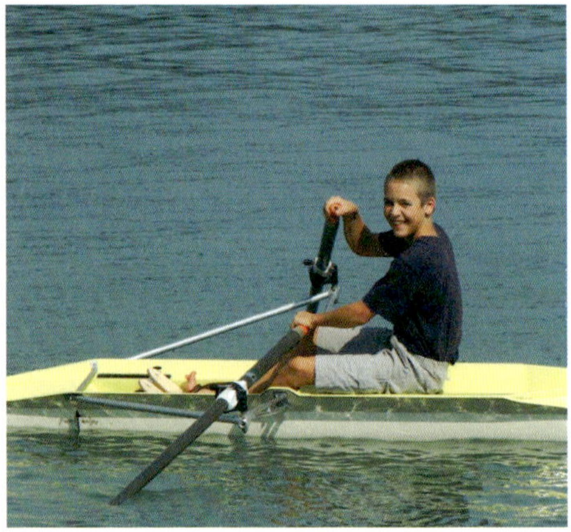

Ein Ziel der Ausbildung: Entwicklung von Boots- und Bewegungsgefühl im Rudern

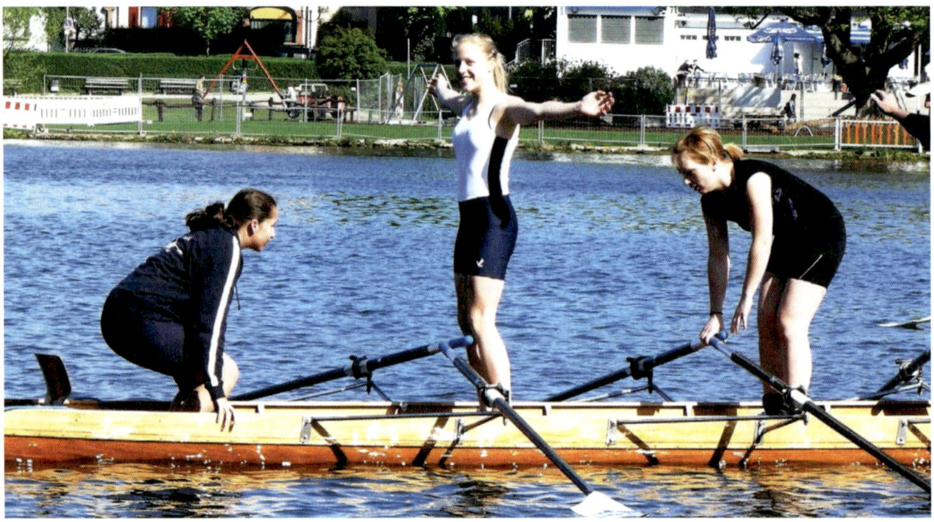

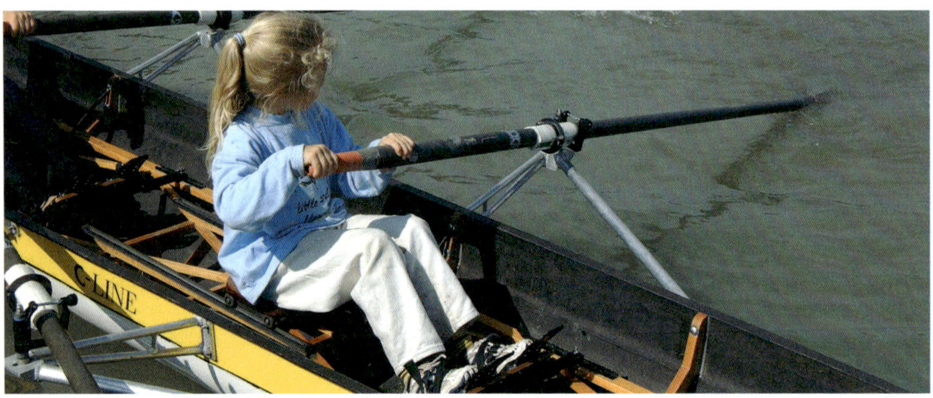

Erste Bewegungserfahrungen im Ruderboot

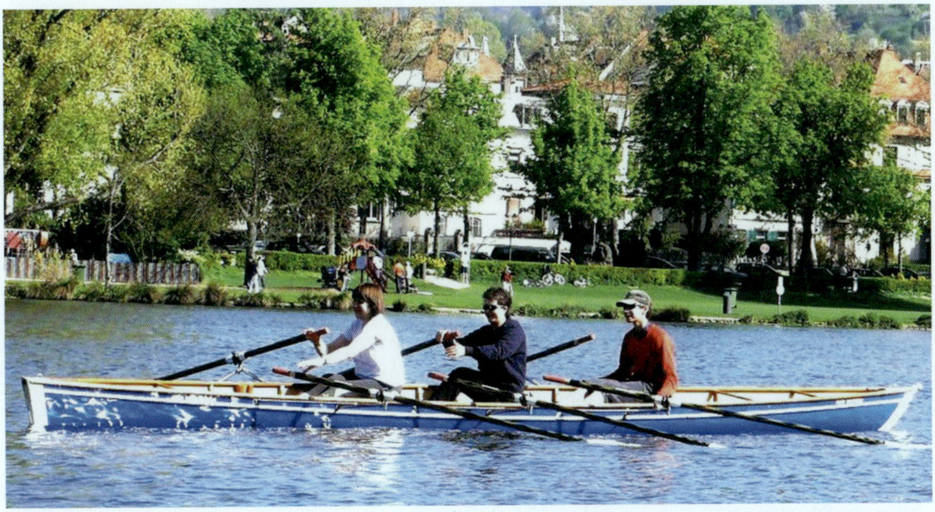

Erfahrungen und Übungen zur Sicherung der Balance

Das Boot liegt nun auf dem Wasser und die Ruderer haben die **Grund- oder Sicherheitsstellung** eingenommen. Jetzt liegen die Blätter der Ruder flach auf dem Wasser, die Anfänger sitzen mit durchgestreckten Beinen, die Ruder über den Knien haltend, im Boot. Diese Grund- oder Sicherheitsstellung wird jedes Mal eingenommen, wenn eine Bewegungsaufgabe beendet worden ist. Mithilfe der flach gedrehten und auf dem Wasser liegenden Ruderblätter können nun **Gleichgewichtsübungen** durchgeführt werden, die dem Anfänger zwar die Instabilität des Boots verdeutlichen, ihm aber auch nach und nach ein **Gefühl für die Lage des Boots** (und damit mehr Sicherheit) geben sollen.

So kann der Ausbilder/Trainer (vergeblich) versuchen, das Boot umzukippen. Die Ruderer fixieren das Boot, indem sie die Ruder in einer Höhe halten. Dann drücken sie beide Innenhebel ins Boot und lassen sich von einer Seite auf die andere kippen. Für die Bewältigung weiterer Aufgabenstellungen ist es hilfreich zu erfahren, wie der Innenhebel beeinflusst werden kann. Liegen die Blätter flach auf dem Wasser und hebt man eine Seite, z. B. Backbord, höher, kippt das Boot nach Steuerbord und umgekehrt.

- Wiederhole in den ersten Rudereinheiten zu Beginn die verschiedenen Schaukelübungen mehrmals!
- Lasse die Anfänger öfter ihre Griff-/Handhaltung überprüfen!
- Gib den Ruderern Zeit für die Balanceübungen!

Tab. 7: Sicherung der Balance

	FACHAUSDRÜCKE	HINWEISE/KORREKTUR
Grundstellung, Sicherheitsstellung	Griffe, Innenhebel	Sind die Blätter flach auf dem Wasser? Position der Innenhebel, Hände/Griffe in einer Höhe?
Balance- und Schaukelübungen		Sind die Dollen zu? Befindet sich das Boot außerhalb der Schifffahrtsrinne?
Blattlage erfühlen		Finger und Handhaltung korrekt?
Einseitiges Vorwärts- und Rückwärtsrudern im Wechsel	Aufgedrehtes Blatt – Einsatz	Blattlage im Wasser, Handhaltung, Finger? Handführung? Die rudernde Hand wird über die ruhende Hand geführt.

Wann bleibt ein Boot in Balance? Um zu spüren, wie das Boot auf die Bewegung der Ruderer reagiert, helfen in der Mannschaftsgig oder im Skiff folgende Übungen:

- Riemenrudern im Skullboot: Das ruhende Blatt kann im Wasser liegend mitlaufen. Die Seite wechseln!
- Halbmannschaftsrudern: Nicht rudernde Mannschaftsmitglieder nehmen die Blätter vom Wasser.
- Blind rudern: Der Ruderer schließt die Augen.
- Spiele im Ruderboot (auch im Skiff): Einen Ball aus dem Wasser „retten", an Land zurückwerfen.
- Fliegen: Mehrere Schläge vorwärts rudern, dann „fliegen" (Blätter weg vom Wasser, das Boot in Balance halten).
- Akrobatik im Boot: Wer kann im Boot aufstehen und die Griffe loslassen (zwischen die Beine klemmen)?
- Luftschläge im Wechsel: Ein (oder zwei) normaler Schlag – ein Luftschlag. Dabei werden die Blätter in der normalen Ruderbewegung nicht durch das Wasser, sondern außerhalb des Wassers bewegt.

Vorwärts rudern

Die Ruderbewegung wird als Ganzes ausgeführt. Es ist hilfreich, wenn am Anfang jedes Mannschaftmitglied einzeln die Bewegung für ein paar Schläge durchführt. Die Blätter können beim Vorrollen auf dem Wasser geschleift/geführt werden, damit das Boot horizontal im Wasser liegt und ein Gefühl für die Bootslage entsteht.

Es sollte die Vorstellung beim Ruderer vermittelt werden, dass

- der Bewegungsablauf eine „runde“ Bewegung ist, ohne Anfang und Ende. Alle Bewegungen werden gleichförmig ausgeführt, vor allem auch die Umkehrbewegungen, ohne Pausen, ohne Hast.
- das Boot durch die Kopplung der Kräfte in der Reihenfolge: Beine-Oberkörper-Arme vorangetrieben wird und die Bewegung nach dem Ausheben in umgekehrter Reihenfolge von statten geht: Arme vor die Knie, die Arme und Hände nehmen den Oberkörper mit und die Beine ziehen den Rollsitz zur vorderen Umkehr vor.
- der Handführung besondere Beachtung geschenkt werden muss: Die Griffe werden beim Heranziehen der Ruder (aufgedrehtes Blatt) entspannt nur in den gebeugten Fingern gehalten. Damit wird auch das Überdrehen des Handgelenks oder das krampfhafte Festhalten am Griff des Ruders vermieden.

Funktioniert dies, wird zu zweit, zu dritt und mit der kompletten Mannschaft gerudert.

Nun kann man auch das frei schwimmende Blatt senkrecht stellen und auf einer Seite leicht zum Körper ziehen. In dieser Weise *erfühlt* **man die richtige Blattlage im Wasser** bzw. den richtigen Weg des Blattes im Wasser. Die rudernde Hand befindet sich dabei immer über der Hand, die ruhend auf dem Oberschenkel liegt. Bei diesem einseitigen **Vorwärtsrudern**, bei dem nicht oder kaum gerollt wird, sollte seitens des Übungsleiters bereits auf die richtige **Handhaltung** geachtet werden. In der Gig ist es durchaus denkbar, direkt mit beiden Skulls zu rudern und dies unter Einsatz des Rollsitzes.

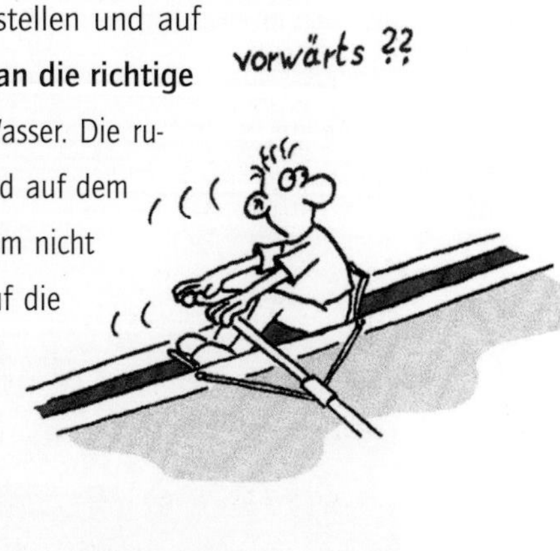

Bei senkrecht gedrehtem Blatt umfassen nur die Finger den Griff, die Handinnenflächen berühren ihn nicht und das Handgelenk bleibt gerade, d. h., Handfläche und Unterarm bilden eine Linie. Diese Übungen im Wechsel, also rechts und links, können sehr bald mit der gesamten Mannschaft durchgeführt werden bzw. im Skiff zu vielfältigen Aufgabenstellungen führen.

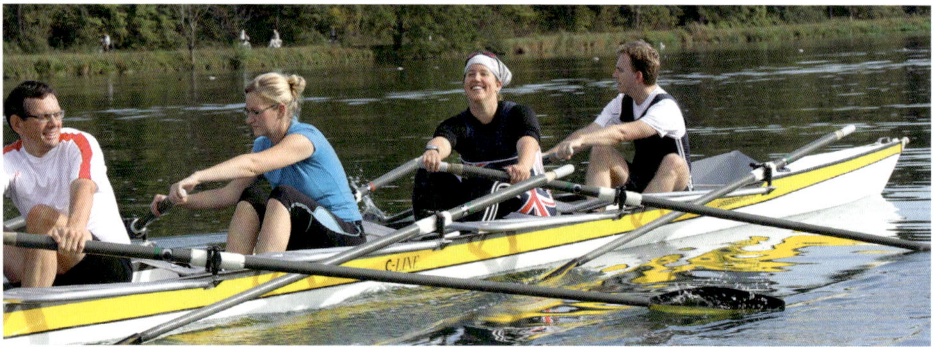

Riemenrudern im Skullboot

Während in der Gig am Anfang mit senkrechten Blättern gerudert werden kann, bewirkt das Schleifen der Blätter auf dem Wasser eine relativ stabile Lage des Skiffs. Im Skiff werden Fehler in der **Blattführung** meist sofort zurückmeldet, dies ist in der Gig nicht unbedingt der Fall. Deshalb muss sehr viel Wert auf die richtige Handhaltung gelegt werden. Leicht verkrampfen die Unterarme, die Handgelenke sind überdreht, sodass Hinweise, kleinere Pausen und das Rudern in der Gig mit aufgedrehten Blättern hilfreich sein können.

Möglich ist es, unter ständiger Verlängerung des Rollwegs beide Skulls zum Körper zu ziehen, auszuheben und mit dem Blatt auf dem Wasser schleifend in die Auslage zu bringen. Die in der Regel übereinanderlappenden Innenhebel werden dabei hinter- und übereinander geführt: Die linke Hand ist - vom Ruderer aus gesehen - etwas hinter der rechten Hand. Sowohl in der Gig als auch im Skiff führen die Ruderer nun eine Reihe von den Bewegungsablauf stabilisierenden Übungen durch. So kann man durch Überziehen auf der einen Seite die **Richtung** beeinflussen, paarweise, zu dritt und vielleicht schon bald als gesamte Mannschaft rudern und in Verbindung mit den Übungen der zweiten Lernstufe bereits ein **Ziel ansteuern**. Zu diesem Element gehört auch die Fähigkeit, das fahrende Boot relativ schnell wieder abzubremsen, also das **Stoppen** ein- und beidseitig.

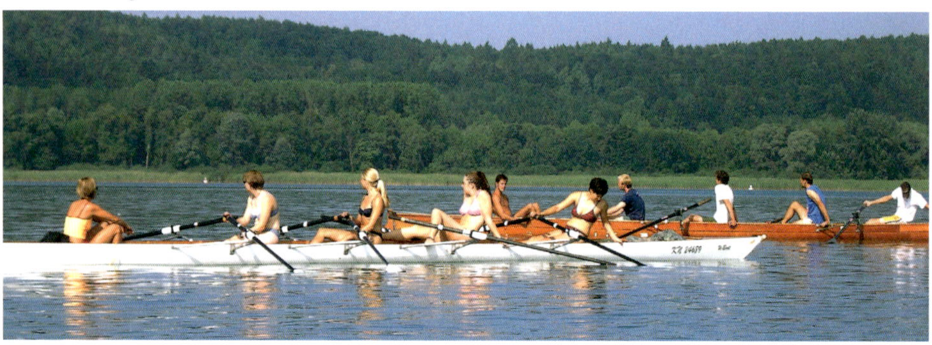

Ausflug auf dem Bodensee

Tab. 8: Vorwärts rudern

TEILZIELE	FACHAUSDRÜCKE	HINWEISE/KORREKTUR
Auf- und Abdrehen der Blätter	Aufdrehen, Abdrehen der Ruder, Ausheben, Einsetzen	Handhaltung
Rudern unter ständiger Verlängerung des Rollwegs	Auslage, Rücklage, Ruderschlag	Körperhaltung verkrampft? Handhaltung, -führung, Blattführung, Rollarbeit, Rollweg
Kleine Richtungsänderungen durch Überziehen	Backbord, Steuerbord überziehen	Übertriebene Bewegungen? Einsatz, Schlaglänge
Fahrt abbremsen, abstoppen	Stoppen	Blattstellung? Dosiertes Abstoppen
Zielrudern	Den Kurs halten	

Ruderkommandos

1. Alles vorwärts – los!
2. Back- (Steuer-)bord überziehen!
3. Ruder halt – halt!
4. Blätter (Blatt) – ab!
5. Stoppen – stoppt!

Kleine Übungsaufgaben:

- Zur Handhaltung: Schließe die Augen und drehe die Blätter mehrmals.
- Im Skiff: Steuere ein bestimmtes Ziel an! Wann schaut man sich am sinnvollsten um? Wie orientierst du dich auf dem Wasser?
- Rudere einen großen Kreis, indem du auf Backbord (Steuerbord) überziehst.
- Auf Kommando des Übungsleiters: Fahrt abstoppen!
- Im Mannschaftsboot: Alleine, paarweise, zu dritt und dann alle zusammen rudern.

Bootsmanöver

Der nächste Schritt besteht nun darin, die wichtigsten **Bootsmanöver** durchführen zu können. Aufgrund der Vorerfahrungen bietet sich dabei zunächst das **Rückwärtsrudern** an, das, ähnlich wie das Vorwärtsrudern, unter ständiger Verlängerung des Rollwegs eingeführt wird. Dabei werden die Ruder vom Körper weg in die Auslage gedrückt, wobei man das Blatt mit der Wölbung zum Heck des Boots zeigend einsetzt.

Zusammen mit dem Vorwärtsrudern bildet es die Voraussetzung für die **Wende**, die nun - in Abhängigkeit von Kenntnisstand und Lernfähigkeit - in verschiedenen Varianten und Teilschritten eingeführt werden kann. Auch sollte man bei diesem Schritt durchaus Zeit für **kleinere Spiel- und Wettkampfformen** einplanen. Als nächster Schritt folgt das **selbstständige Anlegen und Ablegen**. Schiebt oder zieht der Übungsleiter bis zu diesem Zeitpunkt die in die Nähe des Stegs geruderten Skiffs heran oder steuert er selbst die Gig, so besteht nun die Aufgabe der Übenden darin, verschiedene Varianten des An- und Ablegens zu finden und zu üben.

Kleine Übungsaufgaben:

- Steuere rückwärts rudernd verschiedene Ziele an.
- Rudere drei Schläge auf Backbord (Steuerbord) vorwärts, dann drei Schläge auf Steuerbord (Backbord) rückwärts, dann je zwei Schläge, schließlich nur je einen Schlag!
- Wer schafft eine Wende über 180 Grad oder 360 Grad mit den wenigsten Ruderschlägen?
- Verschiedene Formen des An- und Ablegens ausprobieren.
- Lege einen Ruderparcours (z. B. Ablegen, Vorwärtsrudern, Stoppen, Rückwärtsrudern, Wende Backbord, Vorwärtsrudern, Stoppen, Wende Steuerbord, eine Acht rudern, Anlegen) an und durchrudere ihn mehrmals.

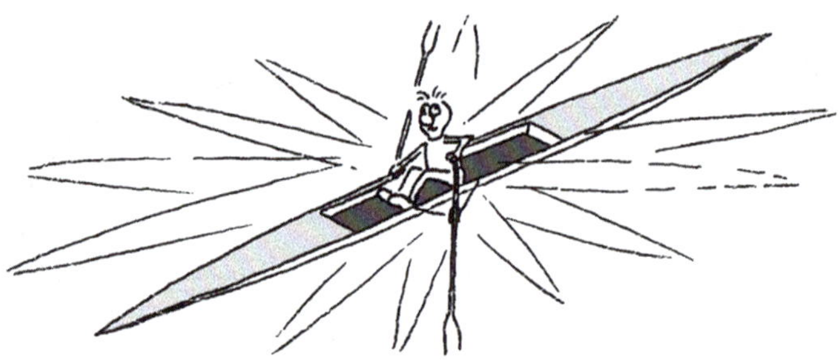

Tab. 9: Bootsmanöver

TEILZIELE	FACHAUSDRÜCKE	HINWEISE/KORREKTUR
Beidseitiges Rückwärtsrudern unter ständiger Verlängerung des Rollwegs		Blattstellung, Handhaltung, Handführung
Wenden über Backbord und Steuerbord	Wende	Gleichmäßiges Tempo für vorwärts und rückwärts
An- und Ablegen vom Steg	Wind, Wellen, Strömung	Anfahrtswinkel, zu früh, zu spät gestoppt? Bedingungen nicht beachtet?

Ruderkommandos

1. Alles rückwärts - los!
2. Wende über Back-(Steuer-)bord - los!
3. Auf Steuer-(Back-)bord - hoch!

Wie bewältigt man spezifische Situationen?

Nun werden **Situationen** vorweggenommen und geübt, die in den unterschiedlichen Bereichen des Ruderns vorkommen können oder eine Voraussetzung für bestimmte Techniken bilden. Im Skiff gilt es, durch fortlaufende Übungen ein **größeres Maß an Sicherheit** zu gewinnen: durch das Fliegen, durch das Halten des Boots, indem man die Innenhebel loslässt, im Boot aufsteht oder gar Kopfstände probiert. Wenn es bis dahin noch nicht der Fall war, sollte auch der **Wiedereinstieg ins Skiff** - nach einem unfreiwilligen Bad - durchgespielt werden. Dies dient der Sicherheit des Ruderers wie auch der Schonung des Materials.

Zur Bewältigung spezifischer Situationen gehört auch das **Passieren schmaler Stellen** und Durchfahrten, an denen die Ruder lang gemacht werden müssen, das **Verhalten bei Schiffswellen** (Ruderboote werden prinzipiell parallel zu den Wellen gelegt, der Ruderer nimmt die Sicherheitsstellung ein), **der Platzwechsel in der Gig** sowie das Anlegen an den verschiedenen Uferarten.

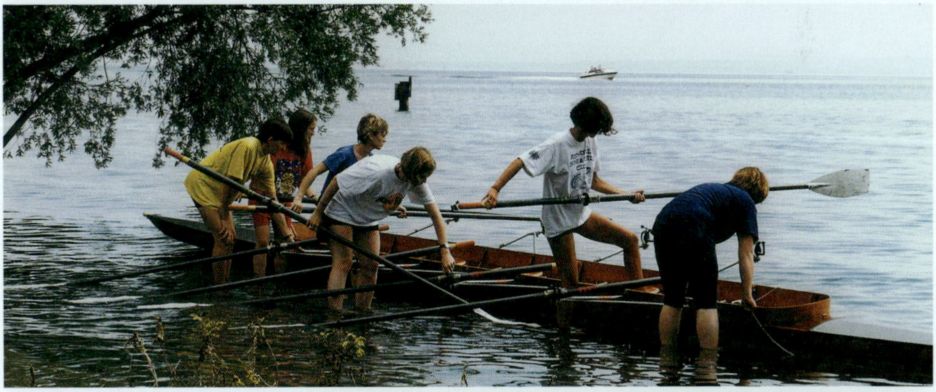

Ungewohntes Einsteigen in die Gig

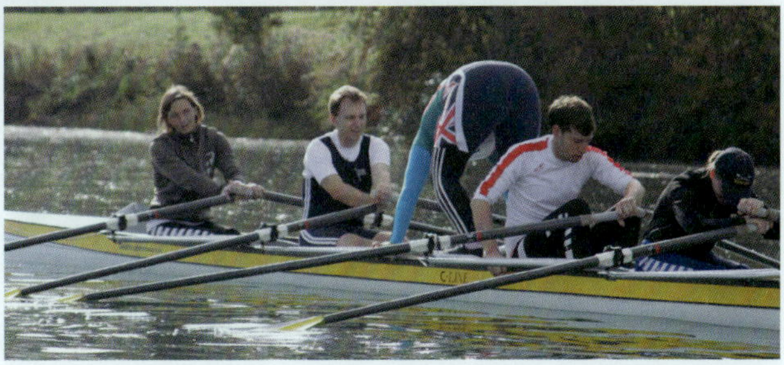

Platzwechsel in der Gig

Übungsformen zur Beherrschung des Boots:

- Aufstehen im Skiff.
- Die Plätze tauschen in der Gig.
- Die Skulls lang machen und in der Gig auch loslassen.
- Sich im Boot hinlegen.
- Eine schmale Stelle passieren (durch eine Brücke, eine Bojenreihe).
- Wiedereinsteigen ins Skiff und in die Gig aus dem Wasser heraus.

Eine Möglichkeit, wieder ins Skiff einzusteigen

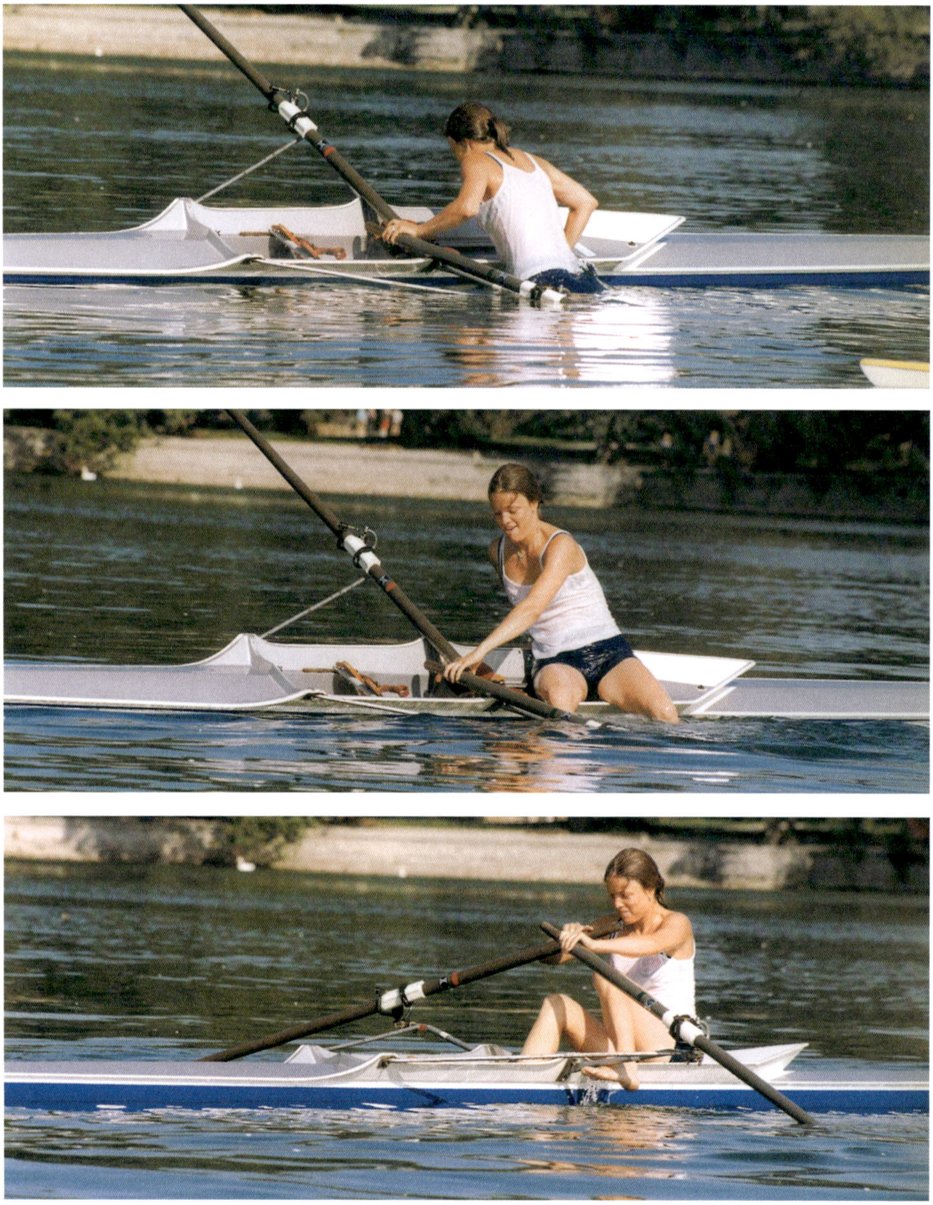

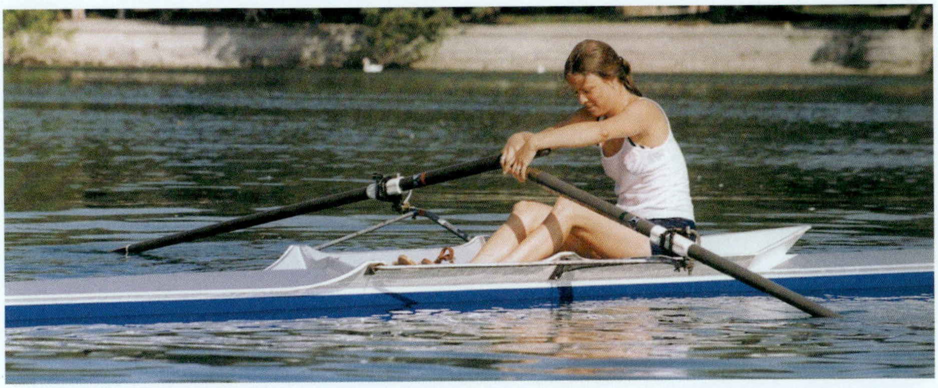

... noch eine Möglichkeit

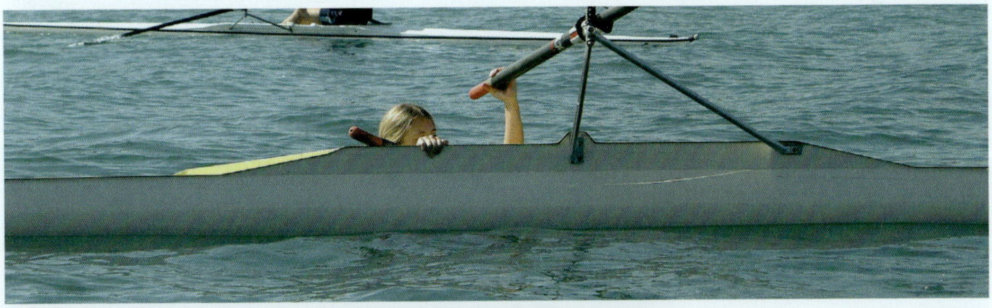

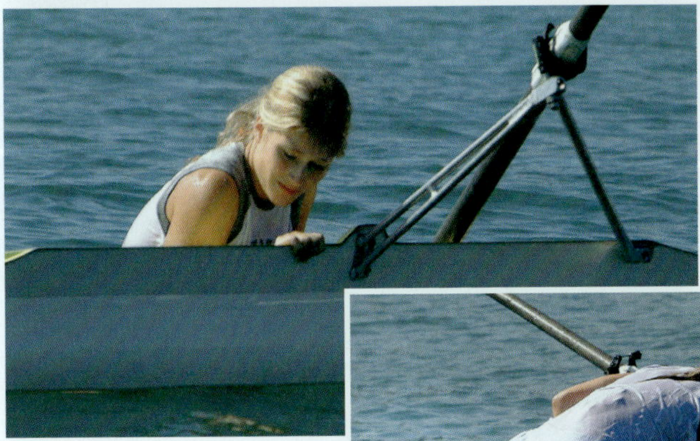

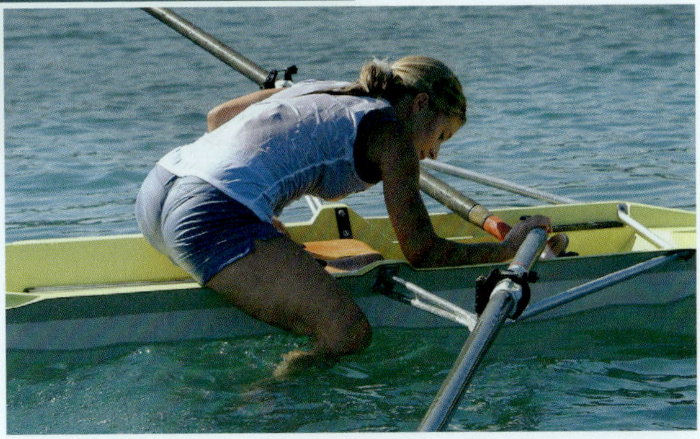

Ruderkommandos

1. Hochscheren!
2. Riemen (oder Skulls) - lang!

Tab. 10: Situationen bewältigen

TEILZIELE	FACHAUSDRÜCKE	HINWEISE/KORREKTUR
Fortgeschrittene Balanceübungen im Skiff	Wasserfrei rudern, fliegen	Ausheben korrekt? Geschwindigkeit hinreichend?
Rudern in Wellen	Hochscheren, Abscheren	Sicherheitsstellung? Abstand zum Schiff? Abstand zum Ufer? Boot parallel zu den Wellen?
Platzwechsel in der Gig	Querlager, Fußbrett	Sicherheitsstellung der Sitzenden, nicht ins Boot treten
Passieren schmaler Stellen	Skull (Riemen) lang	Genügend Fahrt? Griffe festhalten!
Wiedereinstieg ins Skiff nach dem Reinfallen		Griffe festhalten! Skulls parallel und fixiert? Rollsitz am bugseitigen Ende der Rollbahn?

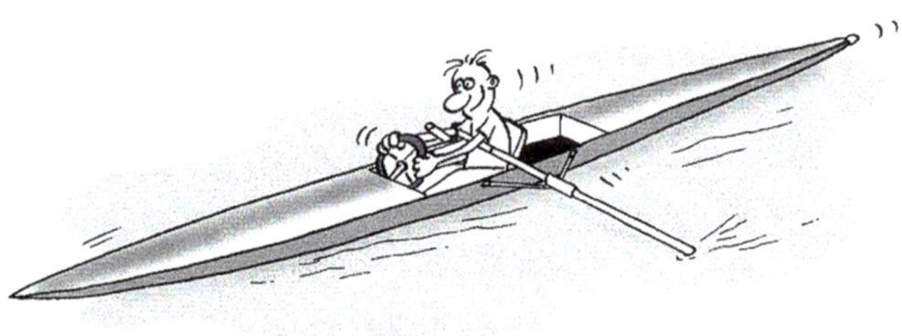

Mannschaften leiten und steuern

Jeder Ruderanfänger sollte die Aufgabe bekommen, **als Steuermann eine Mannschaft** zu führen. Neben dem Steuern selbst, d. h., der Richtungseinhaltung oder der Richtungsänderung, muss er auch mithilfe der **Ruderkommandos** für die **Sicherheit von Mannschaft und Boot** sorgen können.

Die Erfahrung, ein bestimmtes **Ziel** unter Berücksichtigung der verschiedensten Einflüsse (Wind, Wellen, Strömung, Beladung des Boots, Steuerstellung usw.) **anzusteuern**, sollte jeder Ruderanfänger in der Rudergrundausbildung machen. Dabei wird ihm schnell die Notwendigkeit und **Funktion der Ruderbefehle** bewusst.

Auch im Vereinsbetrieb geht man häufiger dazu über, Boote „ungesteuert" zu rudern, d. h., ohne Steuermann, denn jeder möchte natürlich selbst rudern. Viele Boote werden mit einem Fußsteuer gelenkt. Gleichwohl sind mit einem Steuermann ausgestattete Boote unabdingbar im Ausbildungsbetrieb, im Achter sowie auf von Berufsschifffahrt befahrenen Flüssen und beim Wanderrudern.

Folgende Regeln sollten auch die sogenannten *ungesteuerten Boote* beachten, sowohl jene, die durch ein Überziehen der Skulls gesteuert werden (Skiffs, Doppelzweier), als auch jene, die mit einem Fußsteuer versehen sind und durch einen Ruderer gesteuert werden, wie zum Beispiel die Riemenzweier und -vierer und der Doppelvierer.

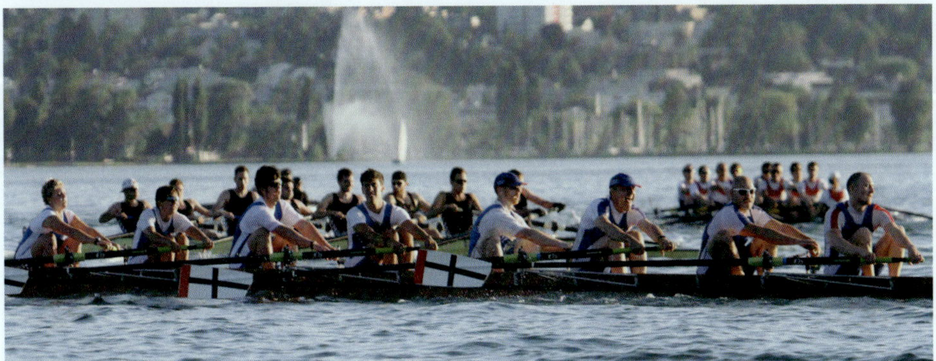

Steuerregeln:

1. Eine Richtungsänderung durch das Steuer ist nur möglich, wenn das Boot schneller ist als das umgebende Wasser.
2. Steuern bedeutet zunächst immer Geschwindigkeitsverlust. Deshalb soll so wenig wie möglich gesteuert werden.

3. Nur an der Steuerleine ziehen, wenn die Blätter außerhalb des Wassers sind. Im Wasser verankerte Blätter ermöglichen nicht nur eine sehr geringe Steuerwirkung, das Steuern bremst zudem das Boot sehr stark ab.
4. Das Steuer sollte nur leicht eingeschlagen und weich betätigt werden, damit die Gleichgewichtslage des Boots nicht gestört wird.
5. Die Steuerleine darf nicht um den Körper des Steuermanns geschwungen werden. Sie wird - insbesondere im Rennboot - mit den Händen auf der Bordwand festgehalten und sollte ständig gespannt sein. Dies gilt vor allem beim Rückwärtsrudern.
6. Bei langen und hohen Wellen muss das Boot parallel zu den Wellen gelegt werden. Die Ruderer nehmen die Sicherheitsstellung ein, bis die Wellen abgeritten sind.
7. Immer gegen die Strömung anlegen. Ausnahme: bei sehr schwacher Strömung und bei sehr starkem, gegen die Strömungsrichtung blasenden Wind.

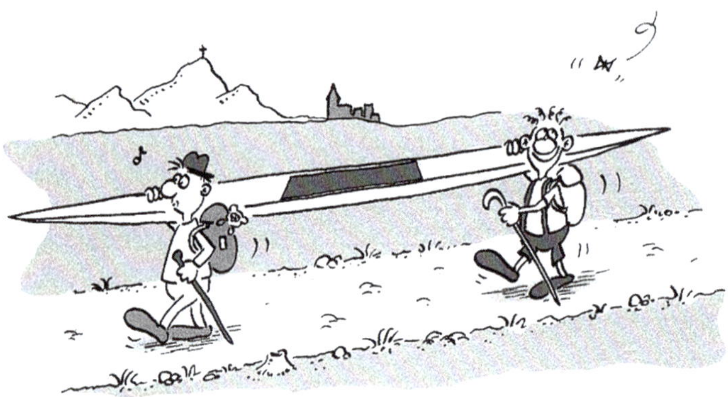

Wanderrudern

Aufgaben zum Erlernen des Steuerns:

- Führe eine Mannschaft ohne Steuer nur mithilfe der Ruderkommandos (Manöver, An- und Ablegen)!
- Welche Ruderkommandos kennst du?
- Steuere bestimmte Ziele (Bojen, Pfosten, andere Boote, Stege) an!
- Führe kleine Wander- und Tagesfahrten durch und übernimm das Steuer ab und zu!

Tab. 11: Steuern

TEILZIELE	FACHAUSDRÜCKE	HINWEISE/KORREKTUR
Kenntnis der Ruderkommandos	Ruderkommandos	Für alle verständlich? Der Situation angemessen?
Kenntnis und Anwendung der Steuerregeln		Steuer zu stark eingeschlagen? Plötzliches Reißen an der Leine? Wird auf lange Sicht gesteuert?
An- und Ablegen vom Steg als Steuermann mit Ruderkommandos		

Wenden bei strömenden Gewässern

Sowohl mit der Strömung als auch gegen die Strömung kann man ein Wendemanöver durchführen. **Mit der Strömung** lässt man sinnvollerweise einseitig auf der Uferseite stoppen und bringt damit das Heck des Boots in die Strömung, die dann den Wendevorgang unterstützt. **Gegen die Strömung** wendet man am günstigsten durch einseitiges Stoppen, das den Bug des Boots in die Strömung bringt. Zu beachten ist dabei, dass die Strömung das Boot auch weiter abtreibt.

Anlegen mit und ohne Wind

Bei stehenden Gewässern fährt man in einem relativ spitzen Winkel zum Steg, die wasserseitigen Ruder stoppen die Fahrt ab und drehen dadurch das Boot bei. Die landseitigen Ruderblätter werden hochgenommen und man hält das Boot mit den Händen vom Steg ab. Der Steuermann steigt als Erster aus, hält das Boot fest und gibt das Kommando für die Mannschaft. Besteht die Möglichkeit an mehreren Seiten des Stegs anzulegen, so ist bei stärkerem Wind zu beachten, dass bei einem Anlegen auf der windzugewandten Seite (Luvseite) das Boot schnell gegen den Steg gedrückt werden kann. Das Ansteuern muss also entsprechend versetzt zum Steg erfolgen. Schwieriger ist das Anlegen auf der Leeseite. Das Boot wird vom Steg weggedrückt, was vielleicht mehrere Versuche erfordert, aber auch materialschonender sein kann. Bei starkem Wind wird das Boot am Steg an Steuer- und Bugleine auf Lee befestigt, damit es der Wind nicht gegen den Steg schlagen kann.

3.4 Ein paar Tipps zur Ruderausbildung

Fehler müssen korrigiert werden. Jedoch ist nicht jede abweichende Bewegung von der im Spitzenrudern geforderten Norm ein Fehler, der die sofortige Korrektur durch den Ausbilder notwendig macht. Fehler sind die Bewegungen, die bei wiederholter Ausführung körperliche Beeinträchtigungen, Beschwerden und gar Verletzungen des Ruderers oder seiner Mannschaftskameraden zur Folge haben.

Beispielhaft ist eine falsche Handführung zu nennen. Das verkrampfte Halten des Griffs, das Abwinkeln des Handgelenks beim Durchzug der Blätter führt oftmals zum zu frühen Abwinkeln der Arme und zum Hochziehen der Schultern. Viele Erwachsene klagen dann über Nacken- und Schulterschmerzen oder „dicke" Unterarme. Ursache für bestimmte Beschwerden sind oft in der Handführung zu finden.

Kein Fehler ist in einer Grundausbildung z. B. ein abweichender Auslagewinkel innerhalb der Mannschaft oder das etwas frühere (oder spätere) Öffnen des Hüftwinkels im Vergleich zur restlichen Mannschaft. Hat der Sportler weitere Ambitionen im Wettkampfrudern oder möchte er an seiner Ruderbewegung arbeiten, so sollte die abweichende Bewegung zu einem späteren Zeitpunkt angesprochen und angepasst werden.

Individuelle Lösungsversuche, die der Sportler für sich selbst als geeignet herausgefunden hat, sind tolerierbar, sofern dies ein Zusammenrudern ermöglicht und der Anfänger keine Fehler macht, die zu gesundheitlichen Überlastungen führen, und die Situation bewältigt wird.

Jeder Ausbilder und Trainer verfolgt in der Ruderausbildung persönliche Varianten und Wege in der Ruderausbildung von Erwachsenen und Älteren. Dogmen aufzustellen, wäre der falsche Weg. Ein paar Merkmale sind jedoch unabdingbar, die es bei der Ausbildung von Erwachsenen zu beachten gibt:

1. Schaffe ein freudvolles und angenehmes Lernklima.
2. Achte auf korrekt eingestelltes Bootsmaterial.
3. Vermittle in jeder Rudereinheit das Boots- und Bewegungsgefühl, indem du Aufgaben (s. o.) stellst.
4. Lehre die notwendigen grundlegenden Fertigkeiten, korrigiere „Fehler".
5. Animiere die Anfänger zum aktiven Lernen.

6. Gib den Anfängern Zeit und lasse deine Ruderer zunehmend selbstständig üben.

7. Stelle Aufgaben und biete viele unterschiedliche Situationen und Erfahrungsmöglichkeiten an.

8. Unterhalte dich mit den Anfängern über die Rudertechnik.

Bereits die Ausbildung hat einen großen Stellenwert, um Ruderanfänger an die Sportart und den Verein zu binden. Die Ausbildung entscheidet oftmals, ob die Anfänger im Ruderverein/beim Rudern bleiben.

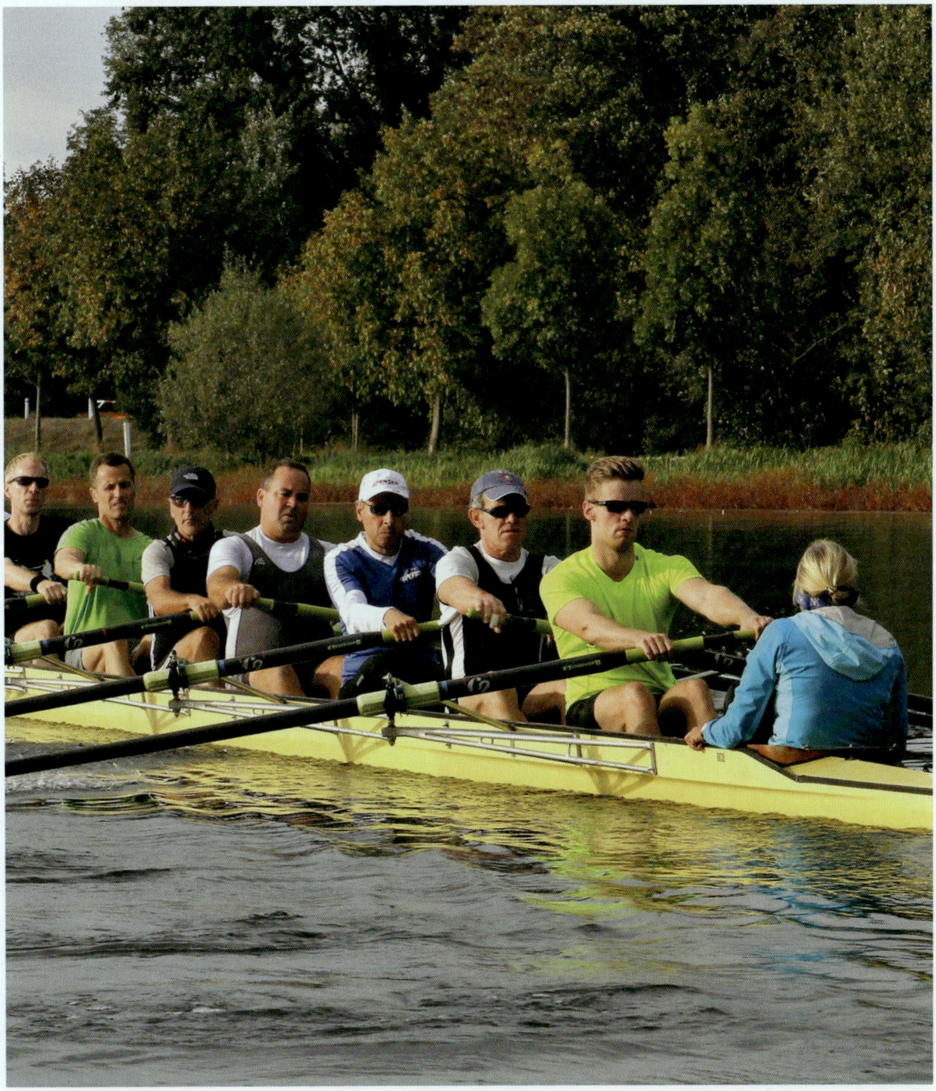

Masterachter

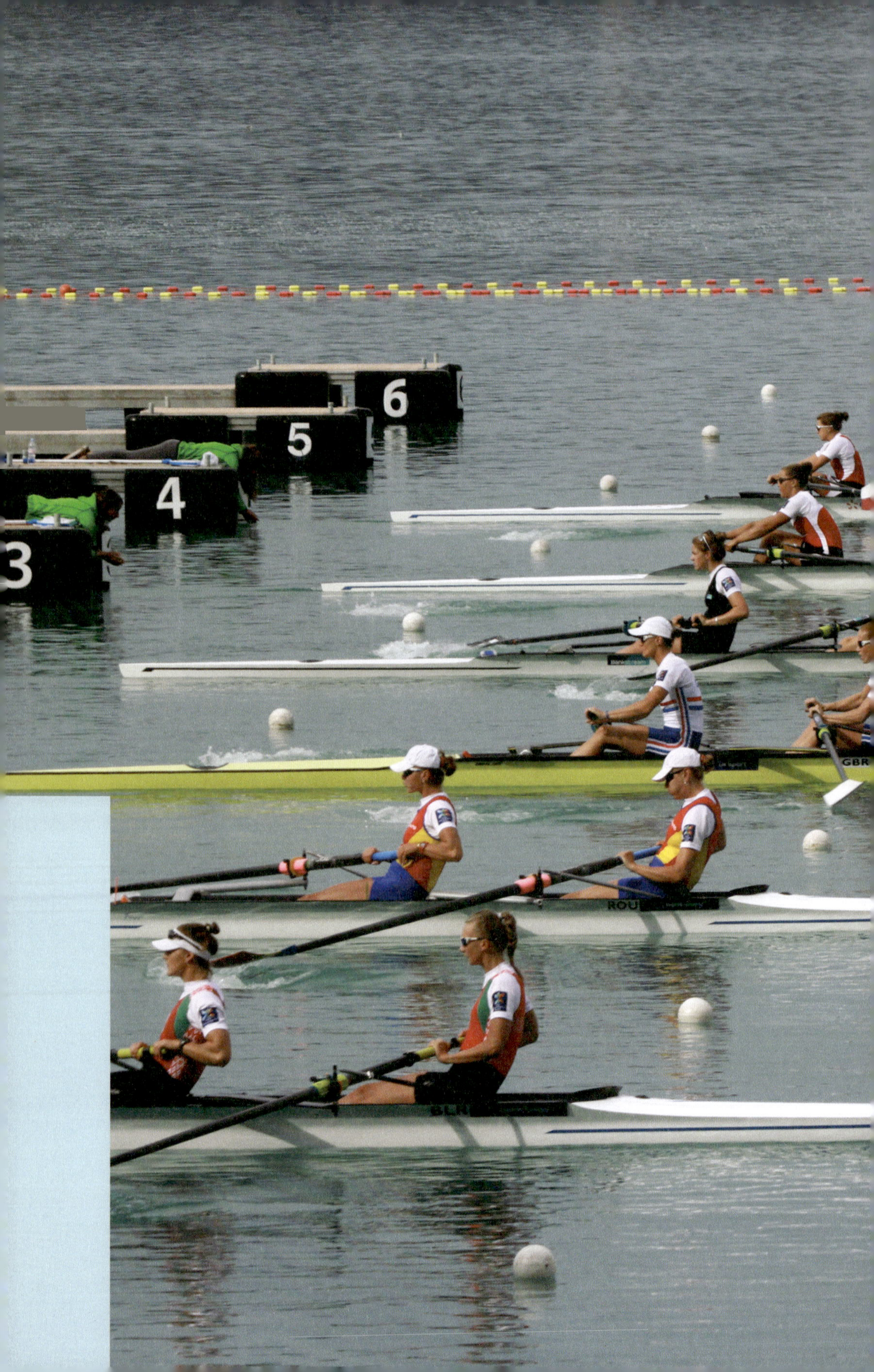
6
5
4
3
GBR
ROU
BLR

4 DIE RUDERTECHNIK

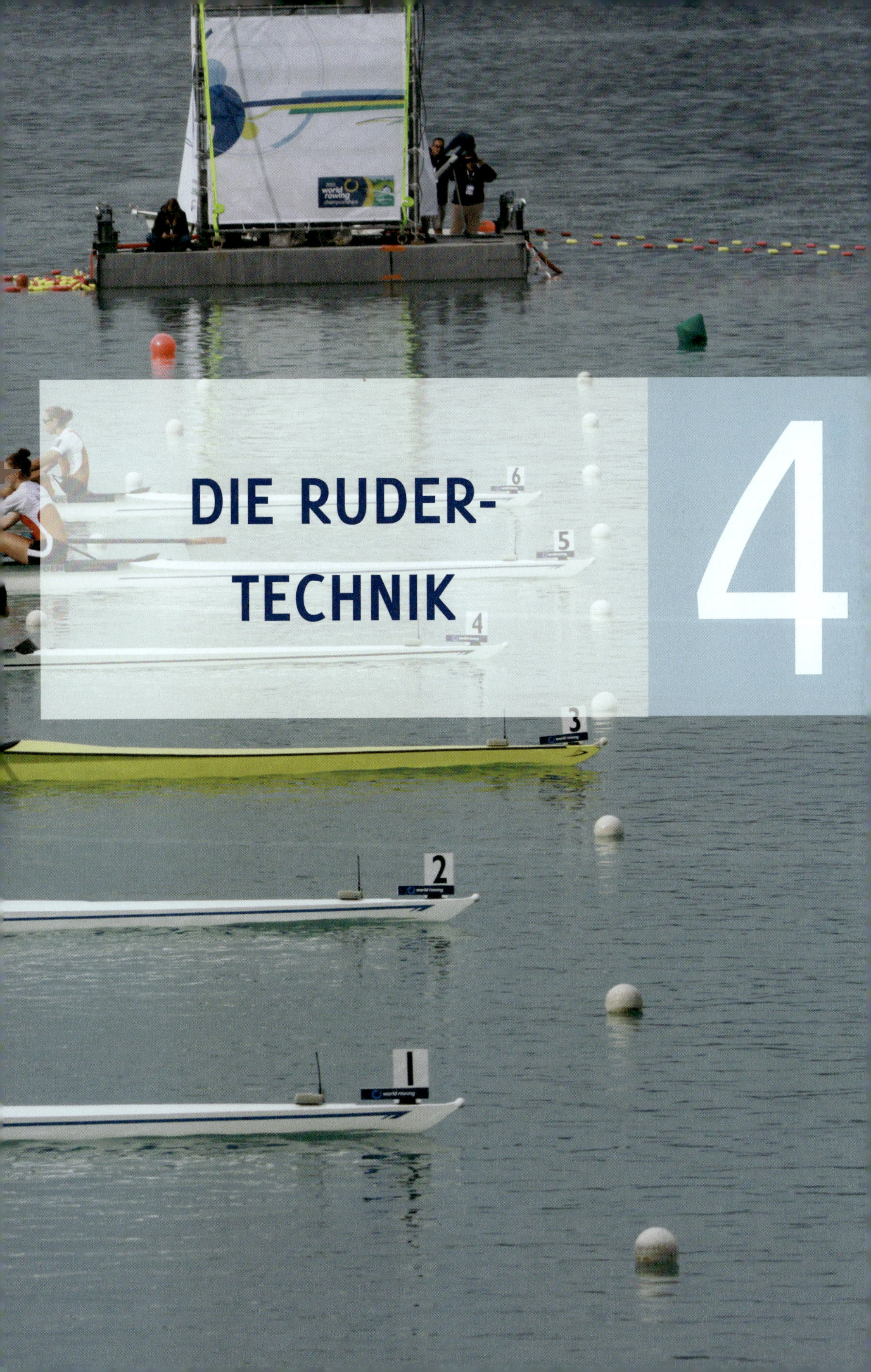

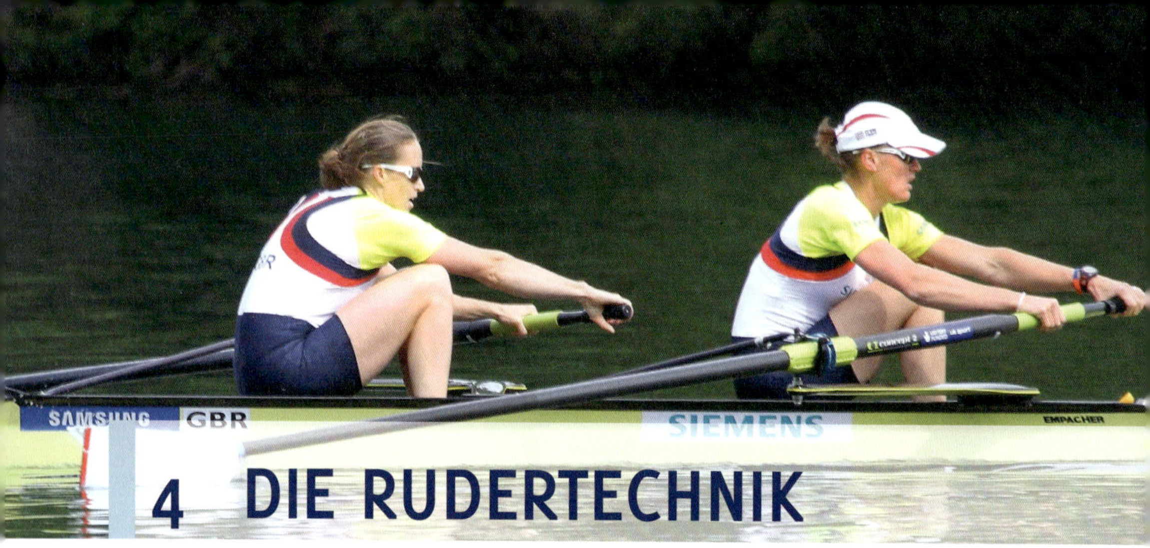

4 DIE RUDERTECHNIK

4.1 Einige grundlegende Überlegungen zur Rudertechnik

Nach dem Erlernen der Ruderbewegungen und einzelner Elemente möchten Ruderer jeden Alters an ihrer Rudertechnik weiterarbeiten. Der entsprechende Aufwand und das Bemühen um eine Verbesserung der Rudertechnik lohnt sich allemal, unabhängig davon, ob es sich um angehende Rennruderer, Breitensportler, Wanderruderer oder Masters handelt.

Trainer und Ruderlehrer, auch manche Ruderer selbst unterscheiden sich oftmals in ihrer Vorstellung darüber, was als „gute" Rudertechnik beschrieben werden soll. Die Ziele einer guten Rudertechnik – als kleinster gemeinsamer Nenner aller Bereiche des Rudersports – sind:

- die optimale Nutzung der individuell aufgebrachten Arbeit für einen maximalen Vortrieb des Bootes im Wasser;
- die Minimierung der Widerstandskräfte am Boot und Ruder, die den Vortrieb beschränken;
- die Koordination und Zusammenarbeit einzelner Mannschaftsmitglieder zu einer Optimierung der Mannschaftsleistung;
- das Ausschließen von Überlastungen und Überforderungen;
- die Steigerung der Erlebniswerte des Ruderns.

In der Praxis müssen zwischen den Zielen oft Kompromisse gefunden werden, die dadurch erschwert sind, dass konditionelle und konstitutionelle Unterschiede wie auch individuelle Zielsetzungen in der Mannschaft vorliegen. Der Erlebniswert des Ruderns kann eingeschränkt werden, wenn jeder Ruderer „seine" Vorstellung von einer vortriebswirksamen Bewegung oder Kooperation innerhalb der Mannschaft einbringt.

Aus biomechanischer Sicht und in Hinblick auf hohe Bootsgeschwindigkeiten können für eine korrekte Rudertechnik folgende Prinzipien genannt werden:

- großer Impuls – ein effektiv langer Ruderschlag;
- minimale Vertikalbewegungen des Ruderers;
- gleichförmige Beschleunigungen und Geschwindigkeiten;
- optimale Koordination des Einsatzes der Muskelgruppen (z. B. Kopplung der Beine – Oberkörper – Arme);
- korrekte Handführung = gute Wasserarbeit;
- arbeit in der Mitte des Bootes;
- geschlossene mannschaftliche Zusammenarbeit (vgl. Fritsch & Nolte, 2016).

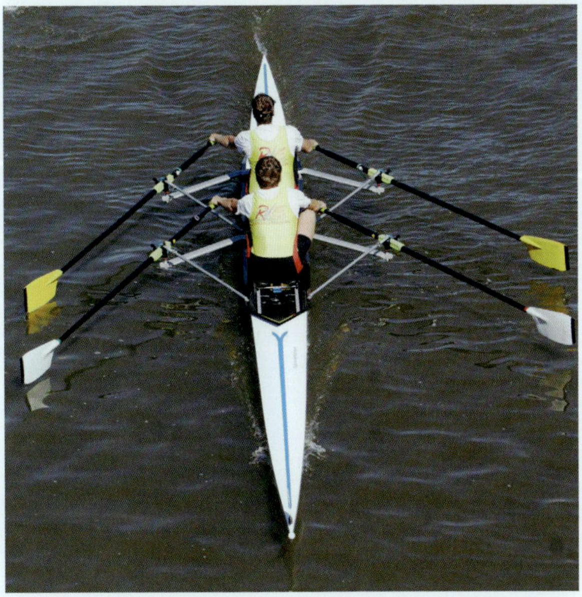

Mannschaftliche Zusammenarbeit und Dynamik

Welche Faktoren beeinflussen die Rudertechnik?

Eine gute Rudertechnik wird durch zahlreiche Faktoren begründet: Voraussetzung ist ein gut eingestelltes Boot und intaktes Rudermaterial. Neben der Teamfähigkeit, dem Willen und der Motivation, häufig und mit anderen zusammen rudern zu wollen, spielt eine vom Trainer gut vermittelte Bewegungsvorstellung eine große Rolle, genauso wie eine sinnvolle Methodik beim Erlernen und in der Durchführung eines Techniktrainings (vgl. Abb. 16).

Entscheidend sind auch die sportlichen Voraussetzungen des Ruderers, die sich in den konditionellen und koordinativen Fähigkeiten zeigen.

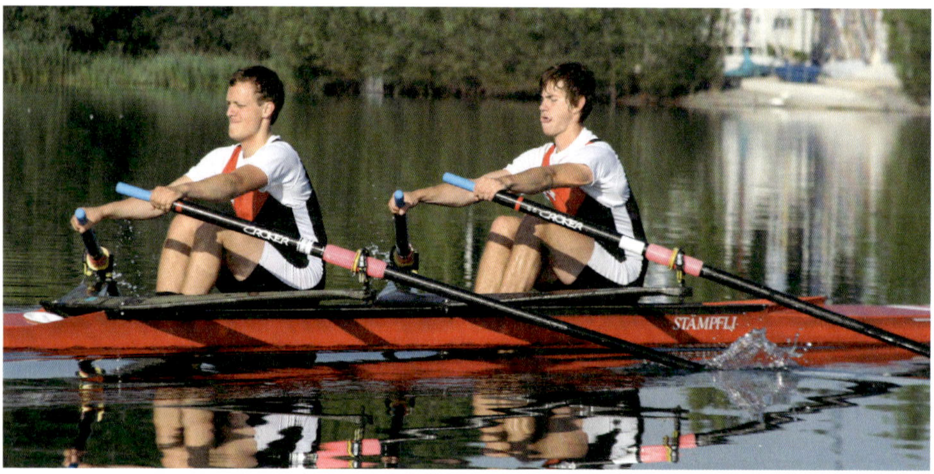

Veränderte Griffhaltung zur Schulung des Boots- und Bewegungsgefühls

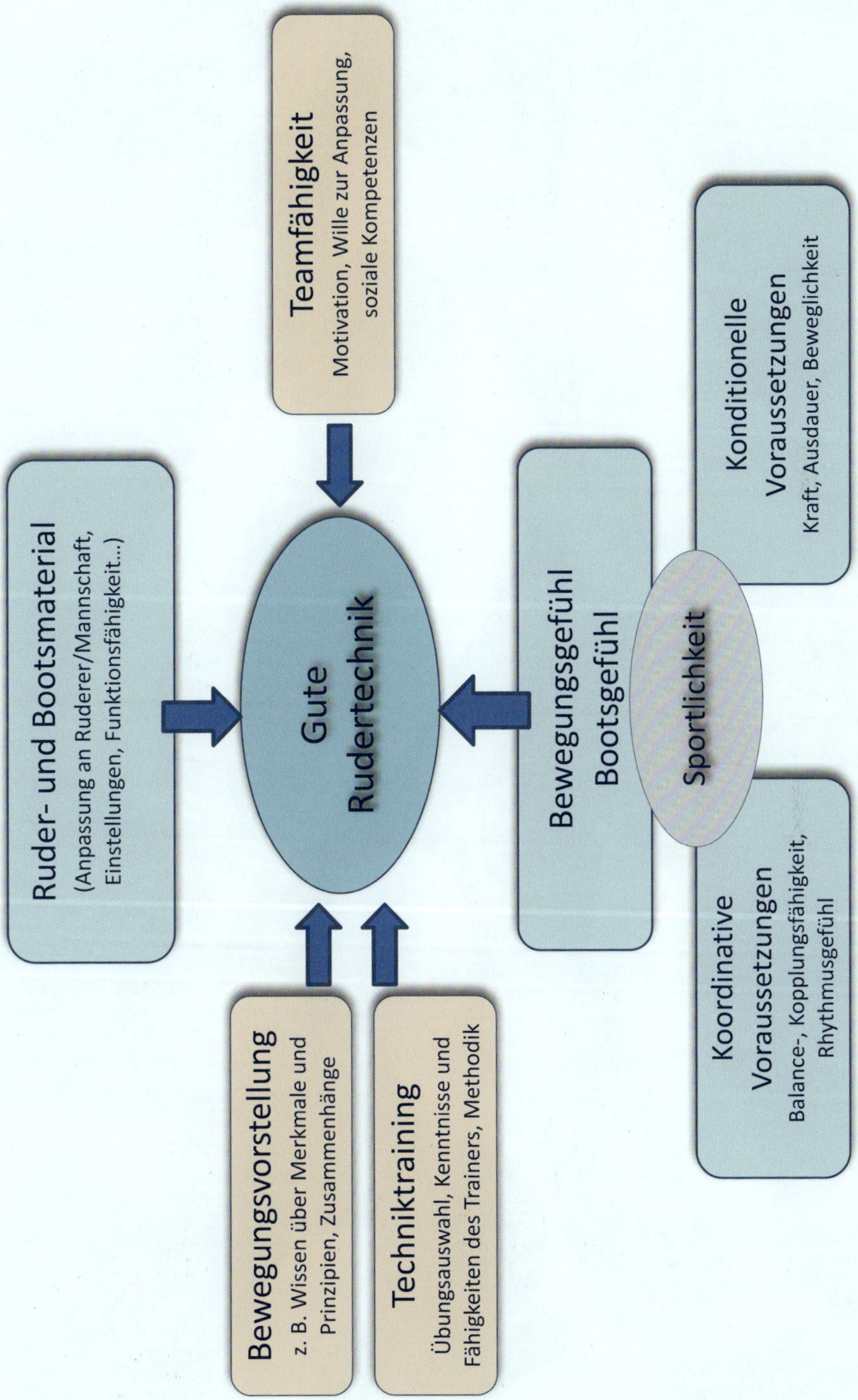

Abb. 16: Ursachen und Bedingungsfaktoren einer guten Rudertechnik (Fritsch, 2010)

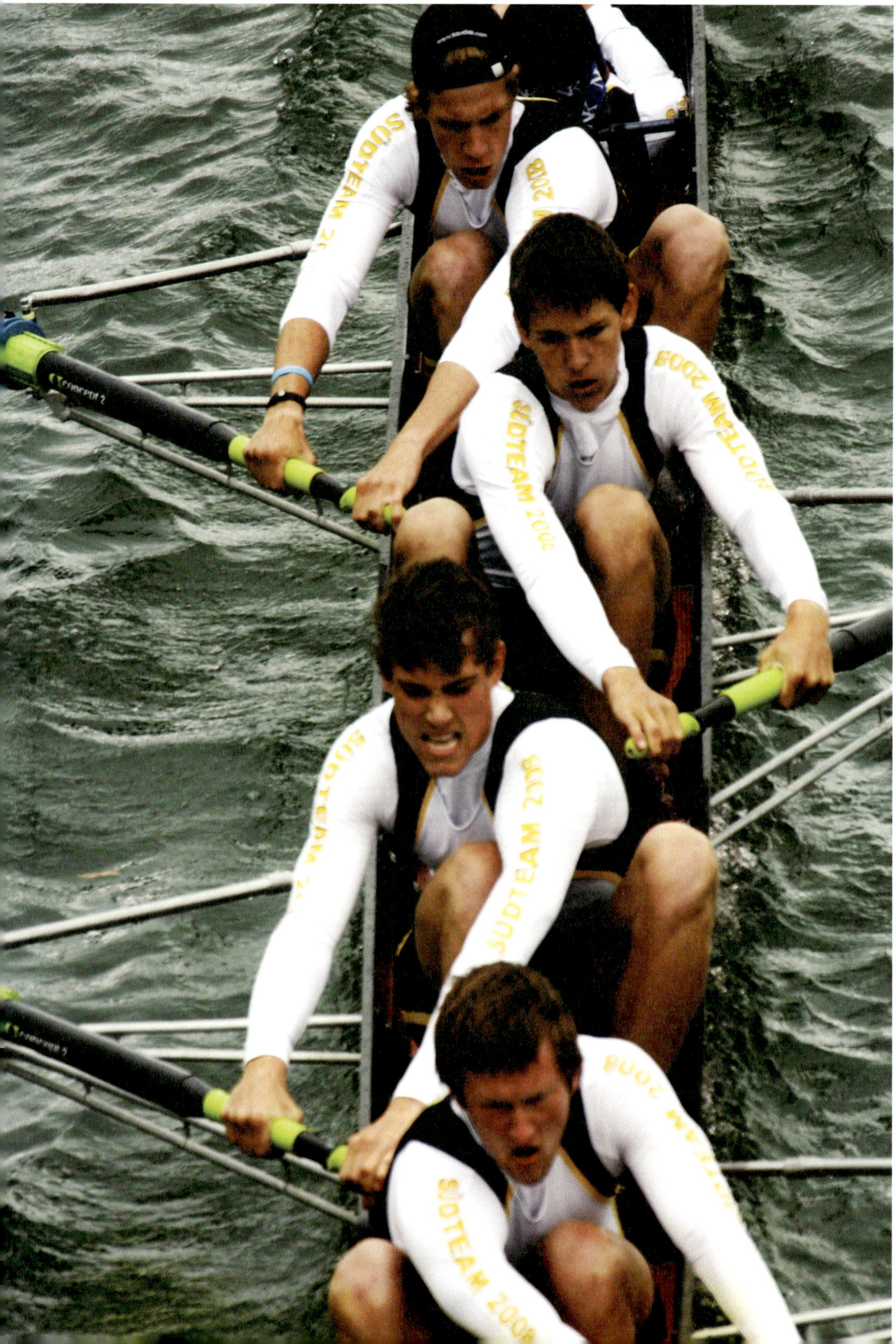
SÜDTEAM 2008
SÜDTEAM 2008
SÜDTEAM 2008
concept 2

4.2 Der Bewegungsablauf im Skullen

Neben den Kenntnissen über die Zusammenhänge der Rudertechnik dient die Darstellung des idealtypischen Bewegungsablaufs dazu, eine optische Vorstellung des Rudervorgangs zu entwickeln. Für die folgenden Fotoreihen sind bewusst Rennsituationen gewählt. Sie bilden eine sehr erfolgreiche Ruderin (Skullen) und eine ebenso erfolgreiche Mannschaft (Riemenrudern) ab.

Vorrollen

Die Hände werden mit der gleichen Geschwindigkeit aus der Rücklage gebracht, wie sie herangezogen wurden: „Prinzip Billardkugel".

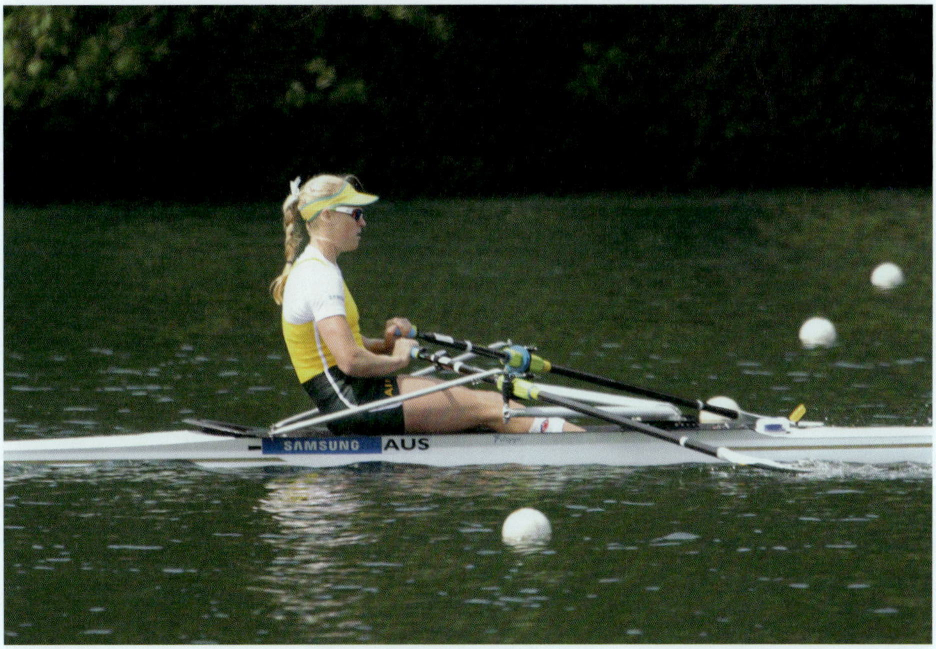

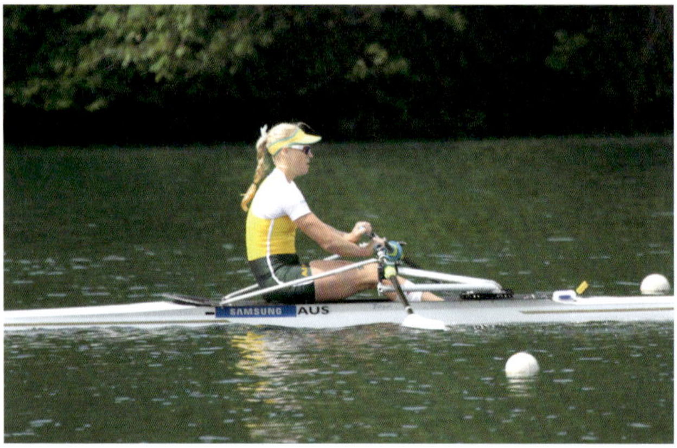

Die Hände nehmen den Oberkörper aus der maximalen Rücklage mit nach vorne: Arme – Oberkörper – Beine.

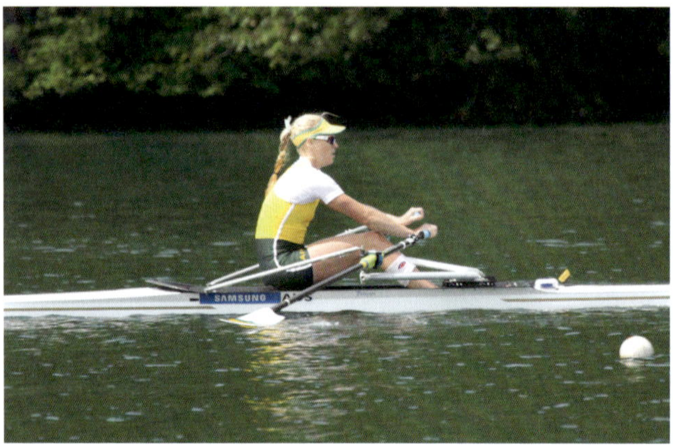

Die Arme werden nicht starr gestreckt, es bleibt eine leichte Beugung im Ellbogen, die Handgelenke sind entspannt, die Finger leicht geöffnet.

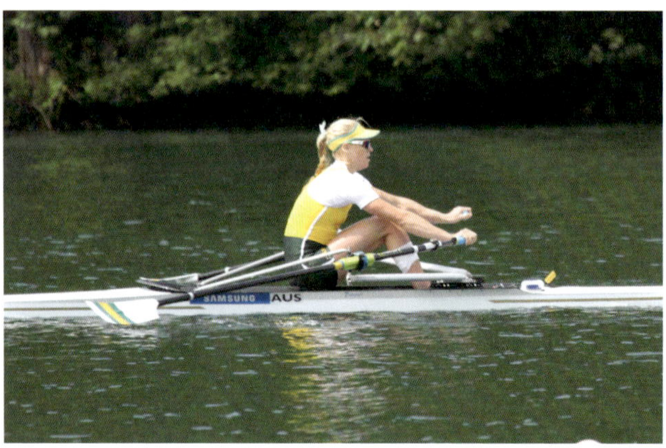

Sobald die Hände vor den Knien sind, sollte der Oberkörper seine maximale Vorlage erreicht haben. Die Blätter werden nicht zu spät aufgedreht, spätestens wenn die Hände über den Füßen sind. Der Rollsitz wird kontinuierlich an das Stemmbrett herangezogen, die Arme sind gestreckt.

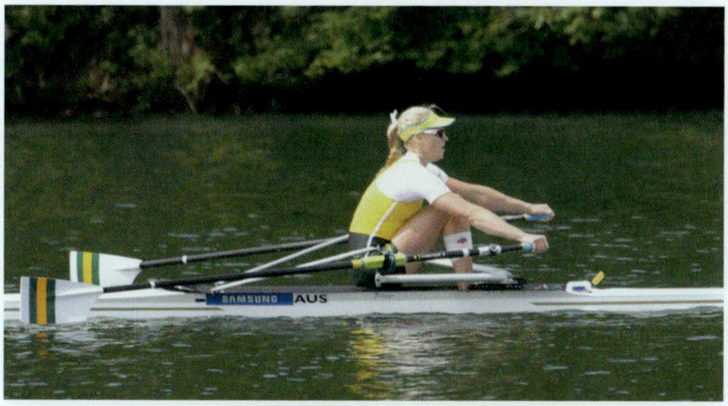

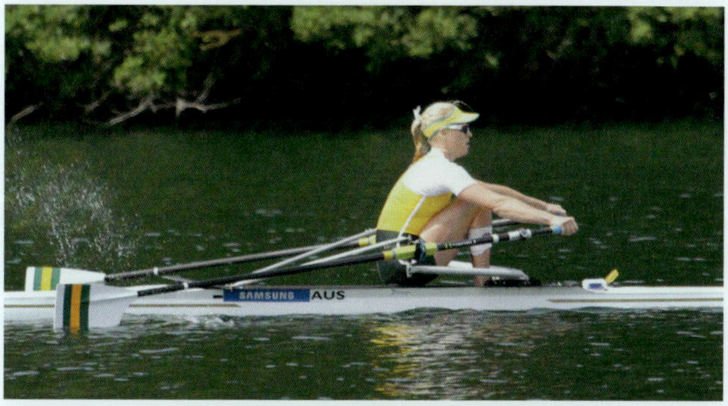

Die aufgedrehten Blätter werden durch die Unterstützung der Schultern und Handgelenke nach vorne oben ins Wasser gesetzt, ohne dass der Oberkörper noch einmal „nachduckt". Das „Setzen" der Blätter (beide Hände sind in einer Höhe!) erfolgt in kürzester Zeit und mit der Situation angepasster Druckaufnahme. Das Wasserfassen erfolgt „über das Vorrollen".

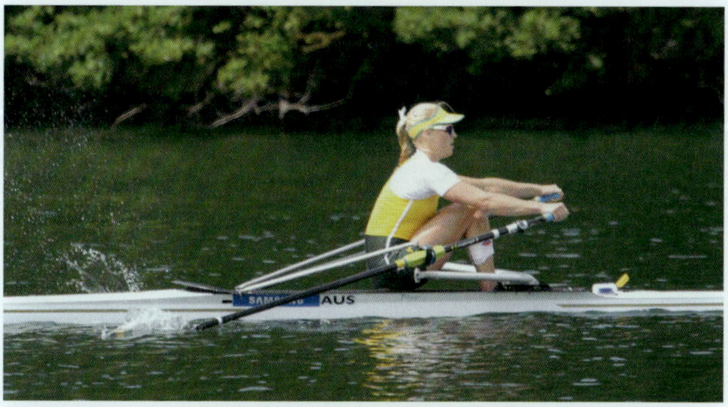

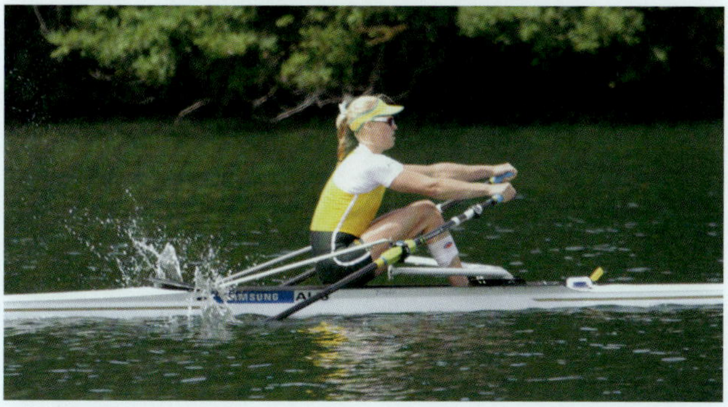

Die Beine nehmen den Druck auf, der Oberkörper wird „eingespannt". Die Arme dienen als Verbindungsstangen und bleiben gestreckt. Der Oberkörper bleibt noch in einer leichten Vorlage.

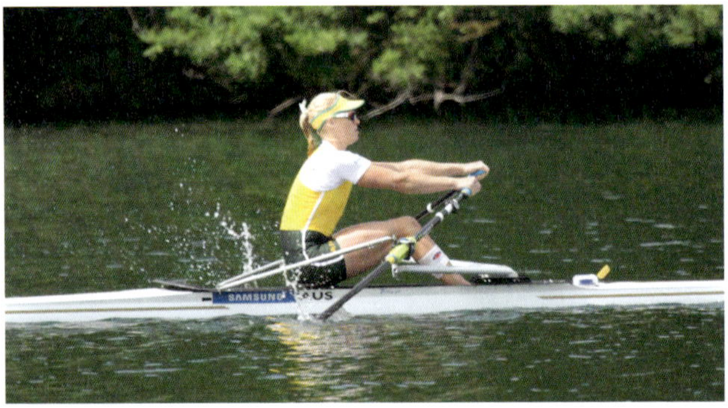

Der Einsatz der Beinmuskulatur bewirkt eine hohe Beschleunigung des Boots; die Arme bleiben gestreckt, der Oberkörper ist noch in leichter Vorlage.

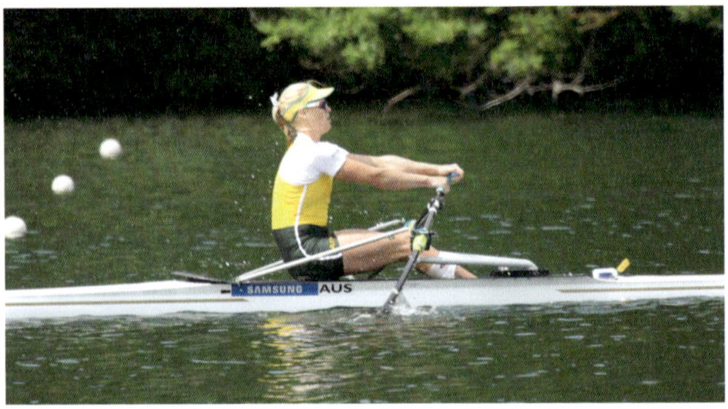

Kurz vor Streckung der Beine wird der Oberkörper eingesetzt und erst wenn die Hände die Knie passieren, werden die Arme herangezogen.

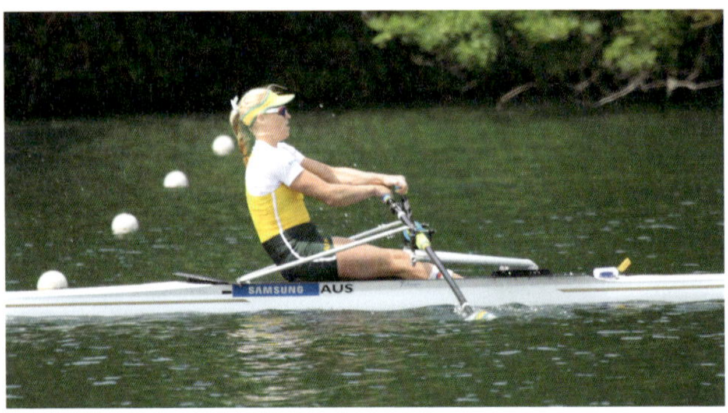

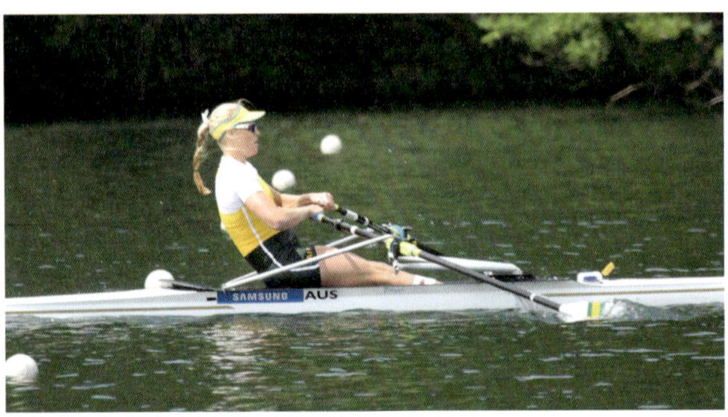

Die Beine sind nun gestreckt, der Oberkörper hat seine maximale Rücklageposition erreicht. Nun werden die Arme zum Körper gezogen, während die Muskelspannung in Hüfte und Oberkörper als Widerlager gehalten wird. Die Skulls werden an den Körper herangezogen, wobei es nicht zu verhindern ist, dass das Blatt kurz vor der Umkehr aus dem Wasser „herausgerudert" wird.

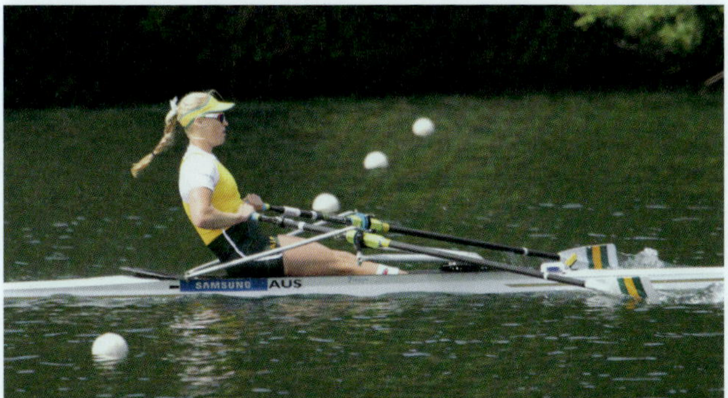

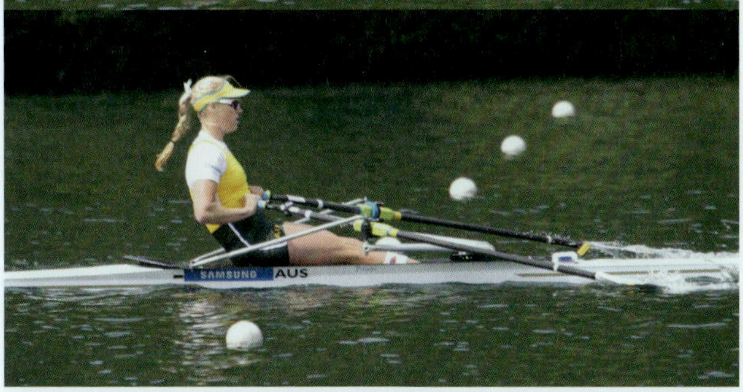

Schließlich werden die Blätter mithilfe des Einsatzes von Händen, Schultern und Armen herausgehoben, ohne dass der Schaft oder die Blätter Widerstand im Wasser erzeugen.

Beide Hände werden am Körper gleich hoch geführt.

4.3 Der Bewegungsablauf des Riemenruderns

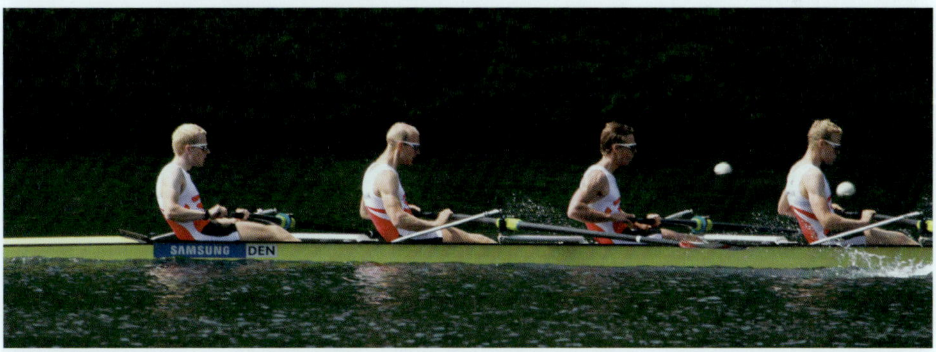

Nach dem entspannten und widerstandsfreien Ausheben werden die Hände aus der Endzugposition gebracht. Auch hier gilt das Prinzip „Billardkugel". Der Oberkörper hat nur eine leichte Rücklage im Vergleich zum Skullen.

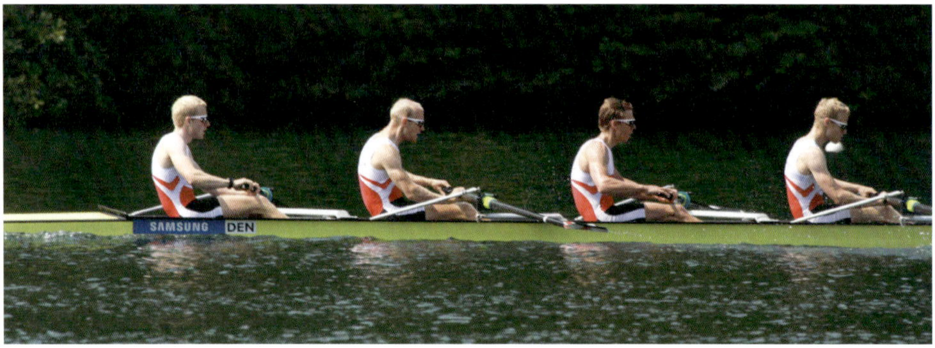

Nach der umgekehrten Reihenfolge wie im Durchzug werden zunächst Hände/Arme, dann der Oberkörper und schließlich die Beine in die Auslageposition gebracht.

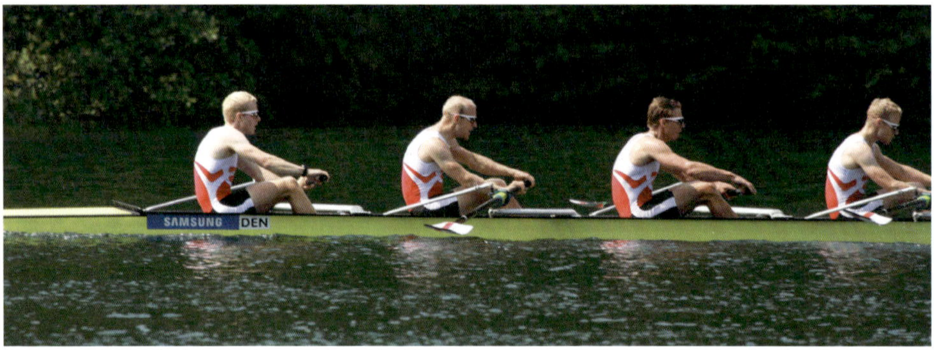

Die Arme werden nicht starr gestreckt, es bleibt eine leichte Beugung im Ellnbogen, die Handgelenke sind entspannt, die Finger leicht geöffnet.

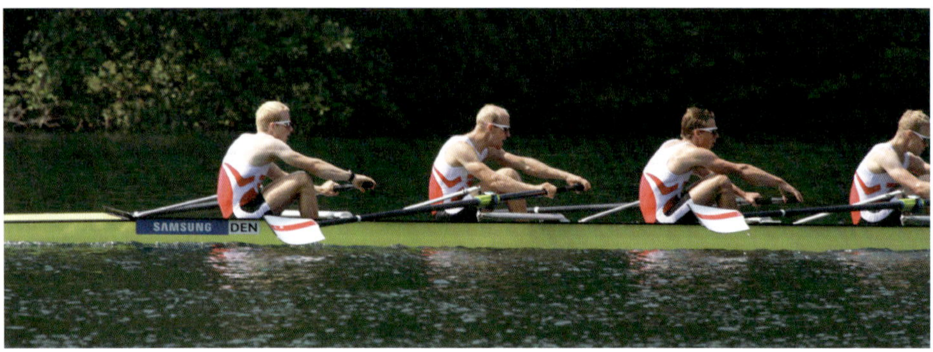

Sobald die Hände vor den Knien sind, hat der Oberkörper seine maximale Vorlage erreicht. Die Blätter werden spätestens aufgedreht, wenn die Hände über den Füßen sind. Der Rollsitz wird kontinuierlich an das Stemmbrett herangezogen, die Arme sind gestreckt.

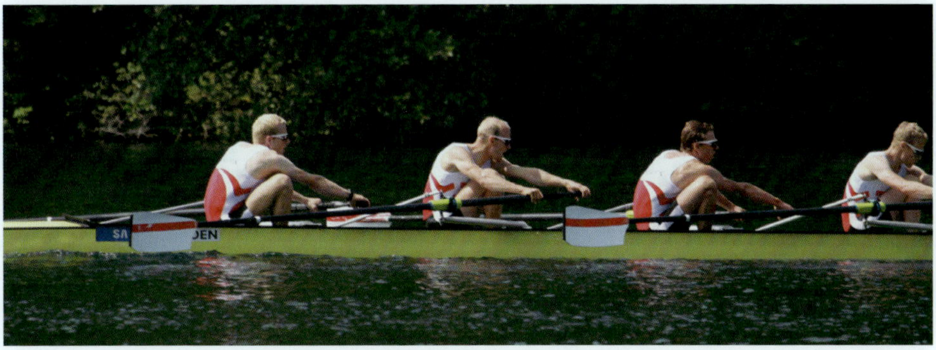

Ohne dass der Oberkörper noch nachduckt, folgt die Schulterachse dem Innenhebel. Zur Unterstützung eines größeren Auslagewinkels kann das äußere Bein leicht abgespreizt werden.

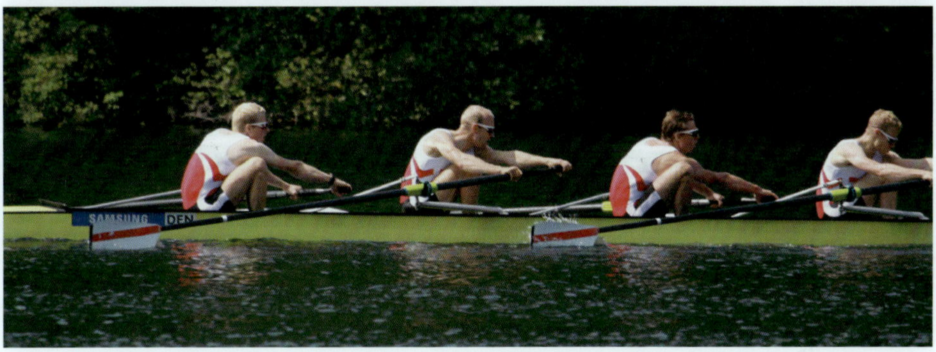

Mit dem spätestens über dem Schienbein oder den Füßen aufgedrehten Blatt und unterstützt durch Schultern und Hände wird in kürzester Zeit „über das Vorrollen" das „Wasser gefasst".

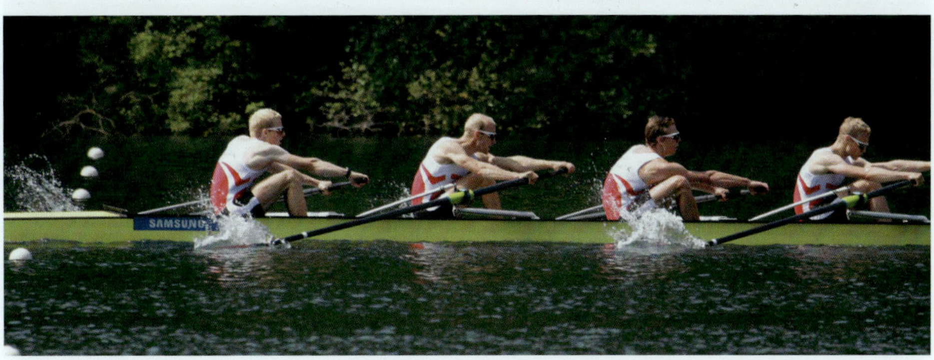

Die Beine nehmen den Druck auf, der Oberkörper wird „eingespannt". Die Arme dienen als Verbindungsstangen und bleiben gestreckt. Der Oberkörper bleibt noch in seiner Vorlageposition.

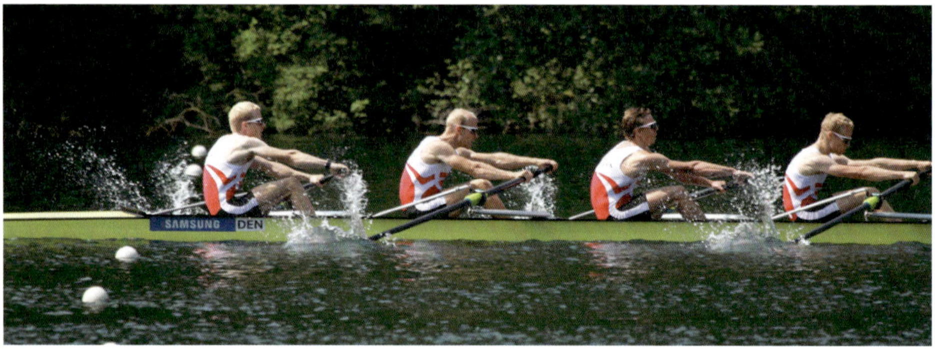

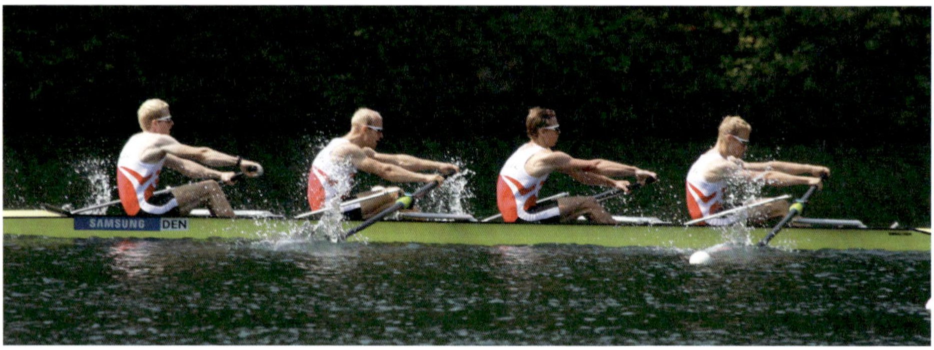

Der explosive Einsatz der Beinmuskulatur bewirkt eine hohe Beschleunigung des Boots; die Arme bleiben gestreckt, der Oberkörper ist noch in Vorlage. Kurz vor der Streckung der Beine wird der Oberkörper eingesetzt und frühestens, wenn die Hände über den Knien sind, werden die Arme herangezogen. Der leicht gerundete Rücken verhindert allzu große Vertikalbewegungen im Boot.

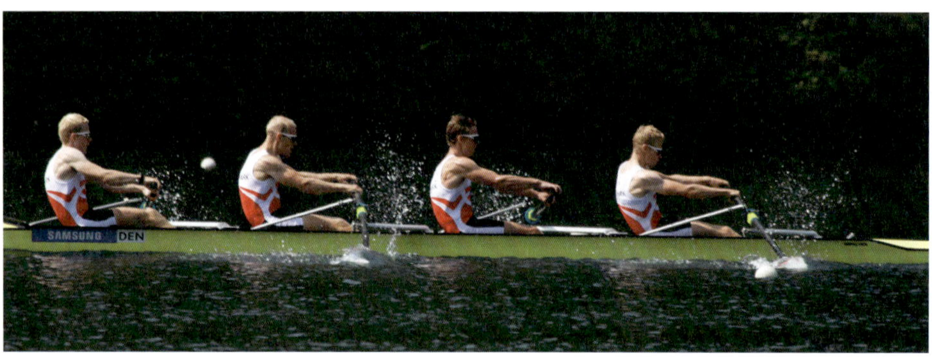

Bereits kurz nach dem Wasserfassen wird die Schulterachse wieder orthogonal zur Bootslängsachse geführt.

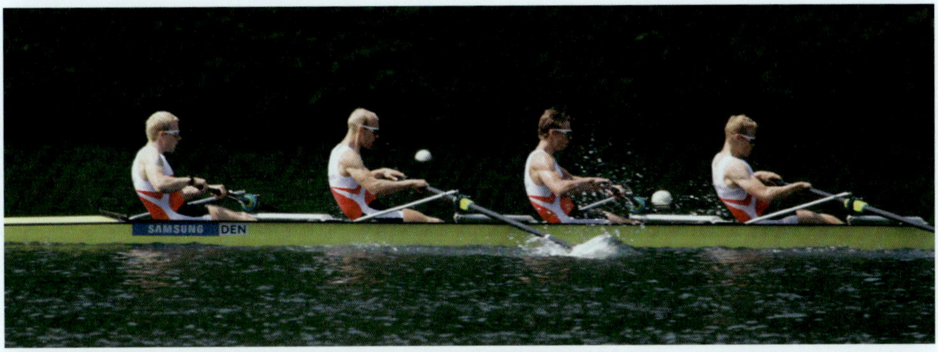

Mit einem nicht allzu großen Rückschwung des Oberkörpers werden die Arme an den Körper herangezogen. Die Spannung in Hüfte, Beinen und Oberkörper dient als Widerlager, um im Endzug das Ruderblatt mithilfe des Einsatzes von Händen, Schultern und Armen auszuheben, ohne dass „gebremst" wird.

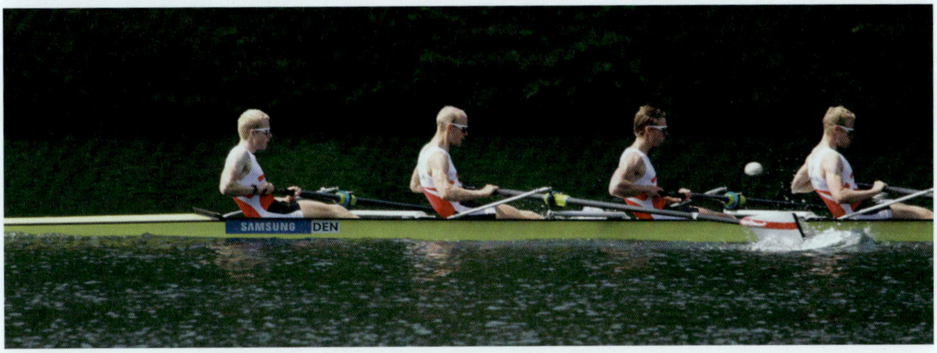

Die Schulterachse ist senkrecht zur Bootsachse.

Die folgenden Fotoreihen zeigen Mannschaften aus der Perspektive der Bootslängsachse vom Heck aufgenommen. Es lassen sich die beobachtbaren Kriterien wie eine korrekte Handführung, die Arbeit in der Mitte des Boots und eine geschlossene mannschaftliche Zusammenarbeit erkennen.

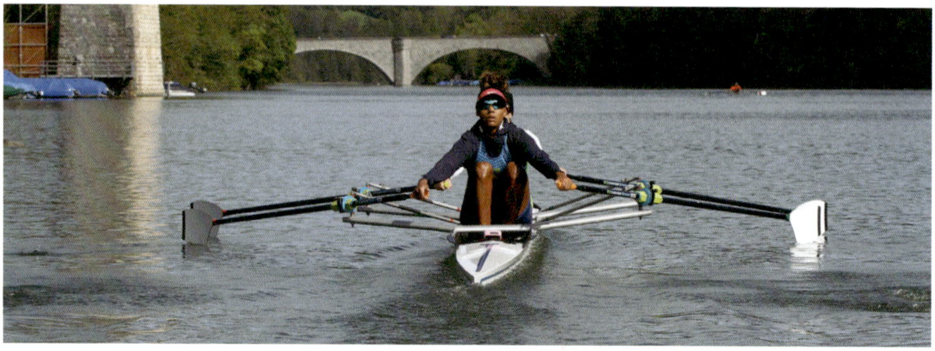

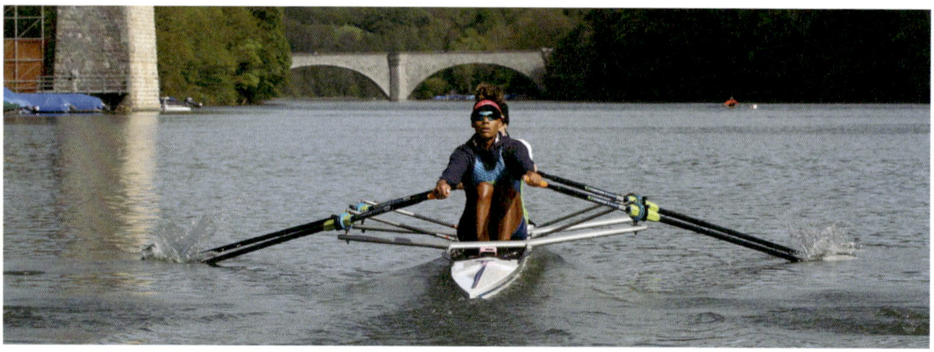

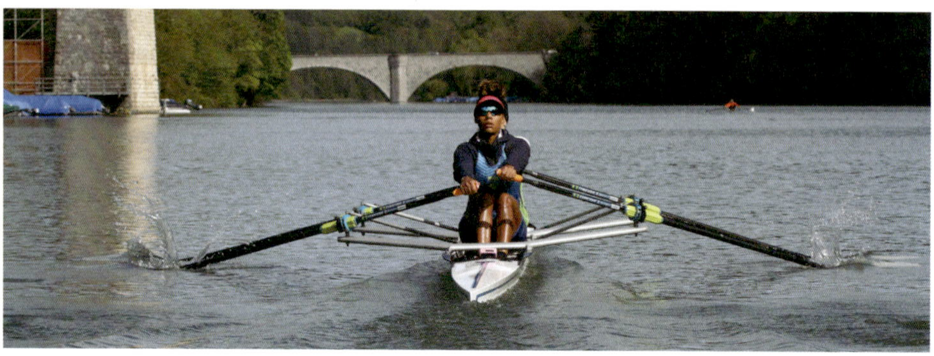

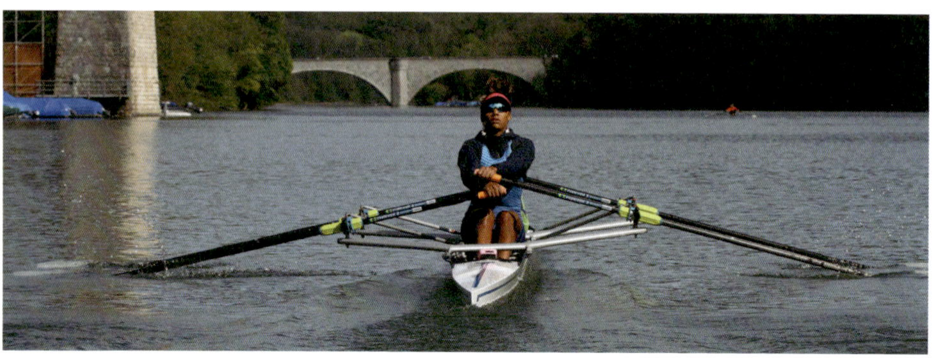

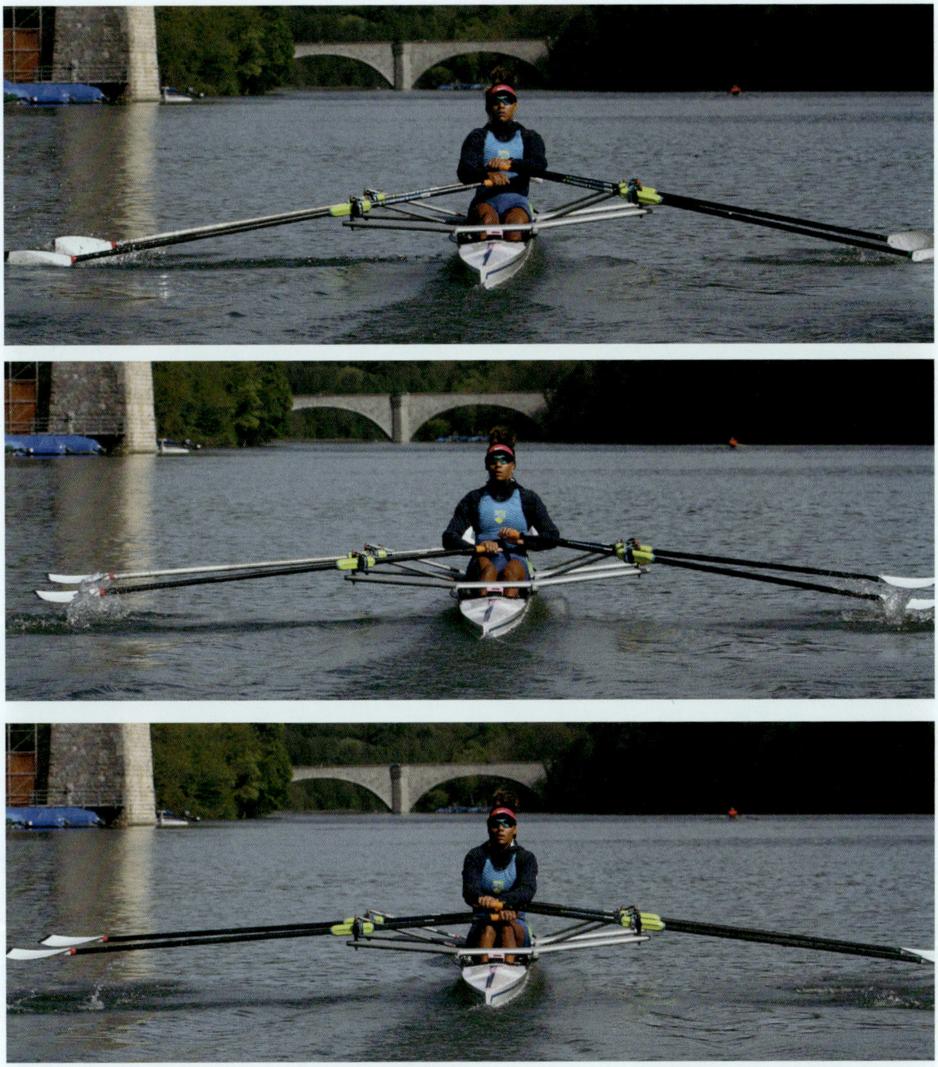

Ein Frauen-Doppelzweier aus der Heckperspektive

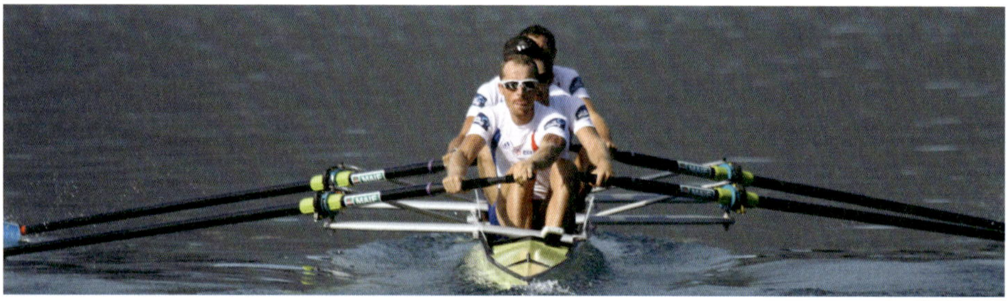

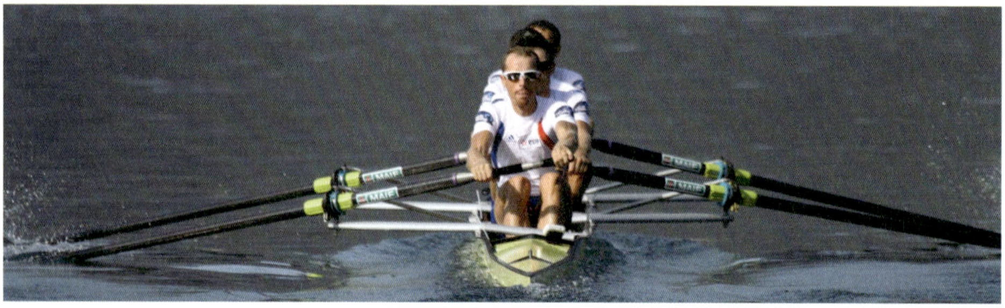

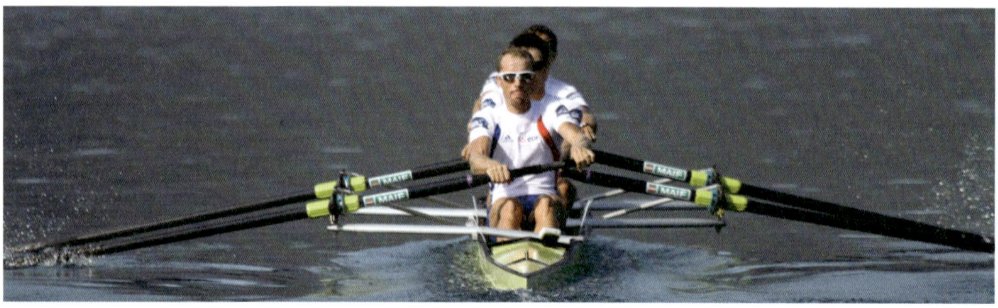

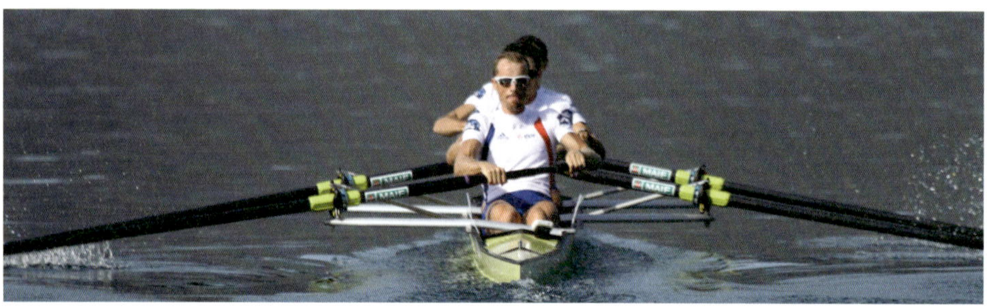

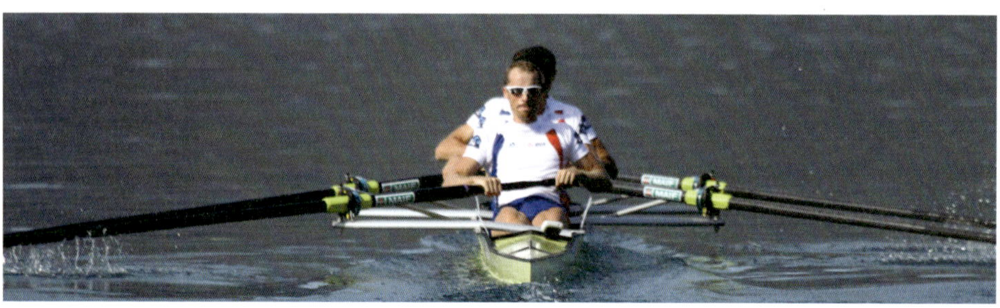

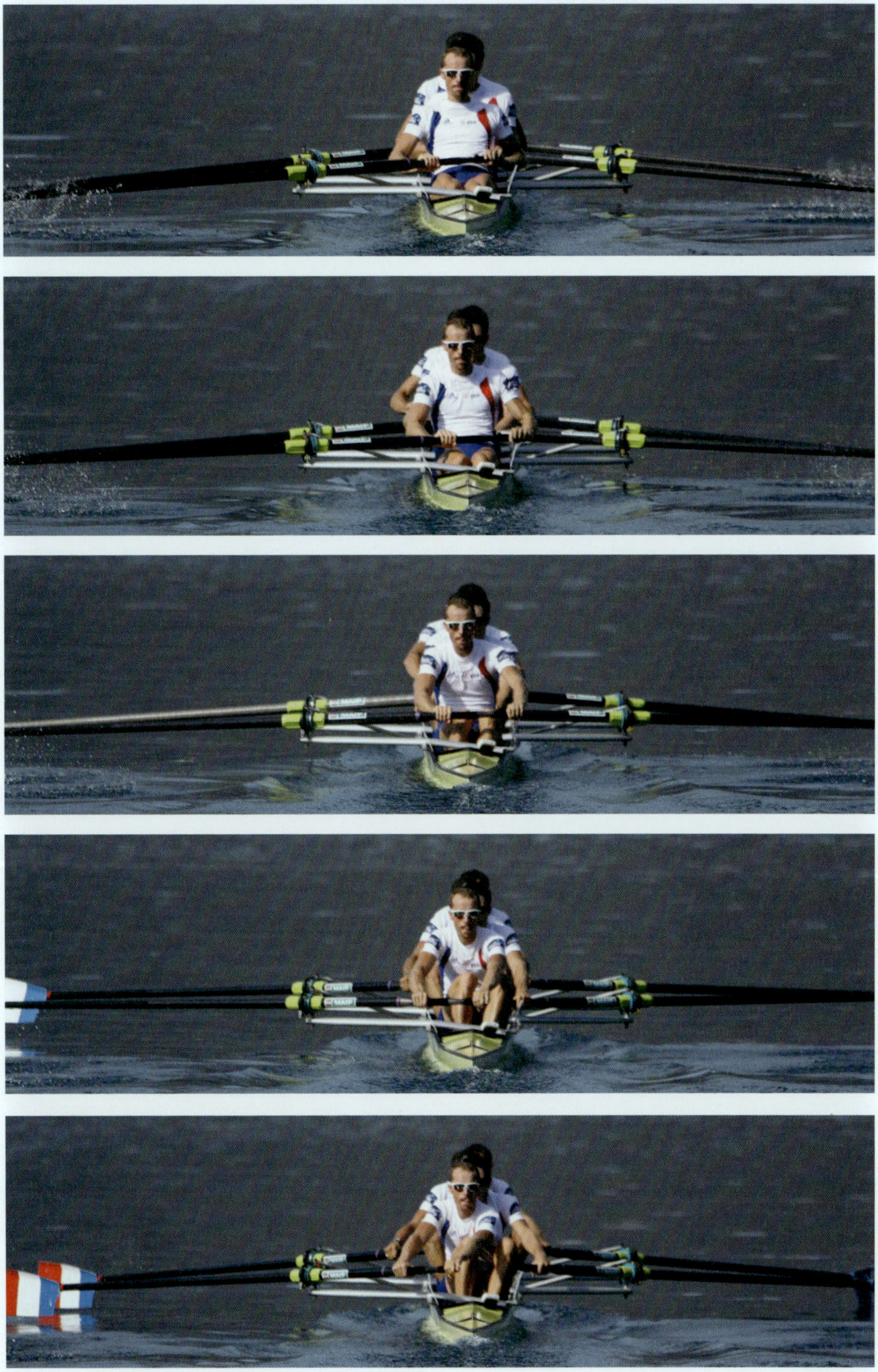

Ein Leichtgewichts-Vierer direkt nach dem Start aus der Heckperspektive

4.4 Welche Probleme können auftreten?

Tab. 12: Probleme und mögliche Lösungen

PROBLEM	AUSWIRKUNGEN	MÖGLICHE URSACHEN
Zu geringer Auslagewinkel	Zu kurze Wasserarbeit, zu geringer Vortrieb, unökonomische Arbeit	Stemmbretteinstellung (Höhe, Neigung, Längsrichtung), mangelnde Beweglichkeit des Ruderers, Dollenhöhe, Hebelabmessungen am Ruder, Balanceunsicherheiten in der Auslage
Zu großer Vorlagewinkel des Oberkörpers	Begünstigt Kiste schieben, Abducken des Oberkörpers in der Auslage, Druck beim Setzen kann nicht gehalten werden.	Stemmbretteinstellung (Fersenhalter zu niedrig, Stemmbrett zu flach), Oberkörper liegt zwischen den Knien.
Zu geringe Rücklage	Zu geringe Schlagweite, zu wenig Platz für Innenhebel und Hände	Verhältnis Rollbahn zur Dolle, Innenhebellänge? Mangelnde Kraft in Oberkörper und Schultern
Oberkörper fällt über den Innenhebel.	Ruderzug wird nicht ausgezogen, Verringerung der Vortriebswirkung, unsauberes Ausheben der Ruder.	Mangelnde Kraft in Oberkörper und Schultern, Kopfhaltung, Hebel zu schwer?
Ruderblätter sind vor dem Setzen zu weit vom Wasser weg (Winker) oder erreichen das Wasser erst später und nicht in der maximalen Auslage (Luftschlag).	Zu kurzer Ruderzug vor der Dolle, Verringerung des Vortriebs.	Auslegerhöhe, Handführung, Kopfhaltung, mangelnde Beweglichkeit im Schulterbereich.
Die Arme werden zu früh angewinkelt.	Ineffektiver und schnell ermüdender Krafteinsatz der Arme, Gefahr der Verkrampfung, kein Einspannen des Oberkörpers	Griffhaltung, zu aufrechter/steifer Oberkörper, Balanceunsicherheit in der Auslage
Zu früher Einsatz des Oberkörpers	Begünstigt Vertikalbewegungen des Boots/Ruderers, ineffektive Kopplung der Kräfte.	Stemmbretteinstellung zu steil? Fersenhalter zu hoch? Hebel zu hart? Abducken des Oberkörpers vor dem Setzen?

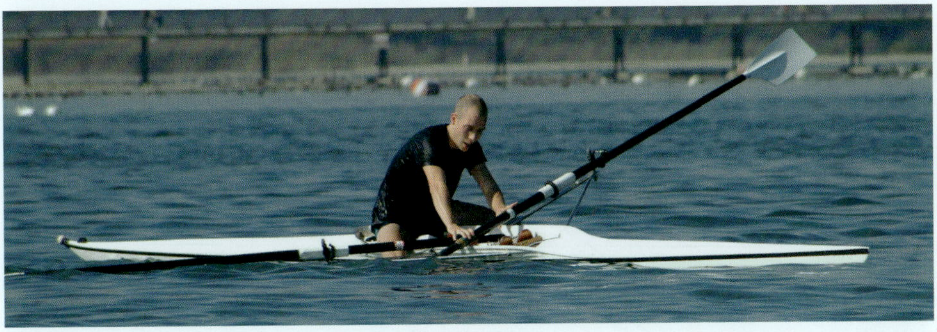

Kiste schieben: Beine und Hüfteinsatz erfolgen, bevor der Ruderer Druck am Blatt hat.	Ineffektive Kraftübertragung, Rückenbeschwerden	Zu schwach entwickelte Rückenmuskulatur, Kopfhaltung, Hebel zu hart, mangelnde Koordinationsfähigkeit
Abducken des Oberkörpers vor dem Setzen	Boot stampft, Geschwindigkeitsverlust, Luftschlag, Winker.	Einstellung Dolle-Rollbahn, der Oberkörper wird im Anrollen nicht mitgenommen.
Extreme Rücklage	Boot stampft, Aufrichten des Oberkörpers kostet Zeit und Kraft.	Stemmbretteinstellung, Innenhebel zu lang? Bewegungsvorstellung
Blatt sägt.	Ineffektiver Ruderschlag, Verkrampfung der Unterarme	Ausleger-/Dollenhöhe, Anlagewinkel, Qualität der Ruder, Hand-/Fingerhaltung, falsch koordinierter Einsatz der Arme
Blatt wird im Wasser gedreht.	Bremswirkung, zusätzlicher Kraftaufwand, Ermüdung, Krebs	Stemmbrett zu weit im Bug, Ausleger zu niedrig, zu frühes Abbrechen des Ruderzugs, Bewegungsvorstellung?
Die Hände werden zu langsam oder zu schnell zurückgebracht.	Geschwindigkeitsspitzen, Bremswirkungen beim Ausheben, Abbrechen des Ruderzugs	Mangelnder Krafteinsatz im Endzug durch Arme und Schultern, keine korrekte Bewegungsvorstellung, Koordination
Innenhebelführung unruhig oder ungleich	Balanceprobleme, Bremswirkungen, Auswirkungen auf mannschaftsinterne Koordination	Im Skullen: Auslegerhöhen vergleichen, Übergriff zu groß/zu klein, Konzentrationsmängel, Bewegungsvorstellung.

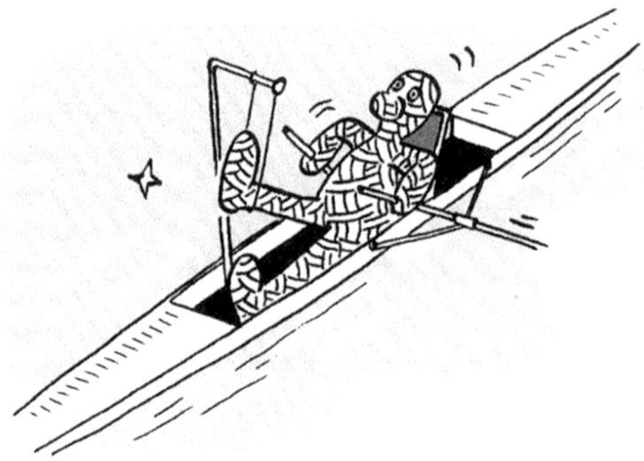

4.5 Grundsätze und Übungen zur Verbesserung der Rudertechnik

Die genannten Faktoren (Material, Bewegungsvorstellung, Teamfähigkeit, Sportlichkeit und das Techniktraining) können als Ursachen genannt werden, wenn Ruderer Probleme mit der Rudertechnik haben. Sie sind auch miteinander verzahnt und bilden gleichzeitig Ansatzpunkte zur Behebung technischer Probleme. Eine gezielte Beeinflussung durch den Trainer oder den Ruderlehrer wird oftmals überschätzt. Der Ruderer soll nicht nur Rückmeldungen von außen (z. B. durch den Trainer oder Ruderlehrer) bekommen, er soll auch in die Lage gebracht werden, selbstständig und selbstregulierend seine Rudertechnik zu entwickeln. Dabei ist er vermehrt von seinem Bewegungs- und Bootsgefühl abhängig. Die Entwicklung des Bewegungs- und Bootsgefühls hängt von den bewegungsempfindenden (kinästhetischen) Erfahrungen ab, die ihrerseits sehr stark in die Bewegungsausführungen eingehen. Vielfältige Bewegungserfahrungen in der Kindheit unterstützen die Entwicklung des Bewegungsgefühls.

Möglichkeiten, Korrekturen anzubringen, gibt es z. B., indem der Trainer Hinweise zum Bewegungsablauf, zur Funktion einer Bewegung, oder auch zur Bewegungsdynamik und den kinästhetischen Wahrnehmungen gibt.

Ein Koordinationstraining im Boot und an Land kann die Wahrnehmung und auch das Lernen unterstützen. Dieses Training muss je nach Zielgruppe, vor allem je nach Alter, sportlichen Vorerfahrungen und Bewegungsverständnis, variiert und eventuell miteinander kombiniert werden.

Folgende Tipps versuchen, diese Forderung in ihrem ganzheitlichen Zusammenhang zu berücksichtigen:

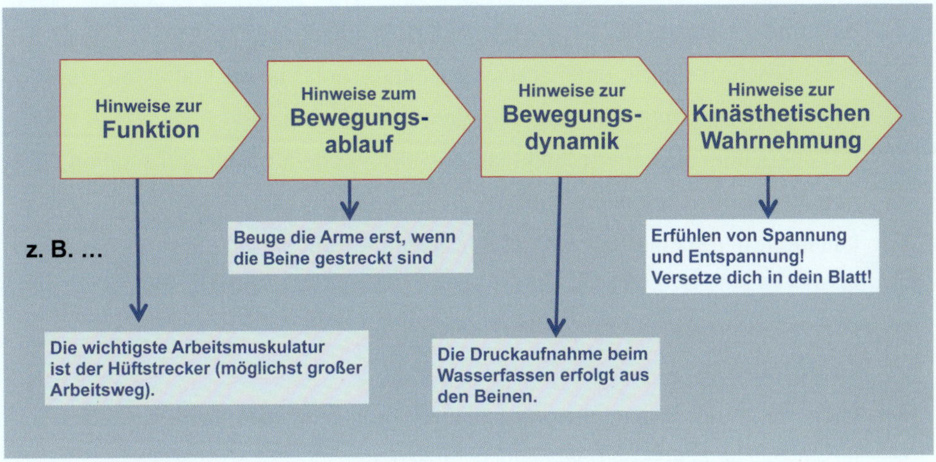

Abb. 17: Verschiedene Hinweismöglichkeiten zur Technikkorrektur im Rudern

Tipps zum Techniktraining für den Trainer

- Vermittle dem Ruderer eine klare Vorstellung der Ruderbewegung und begründe diese Vorstellung.
- Gleiche deine Bewegungsvorstellungen mit denjenigen des Ruderers ab und lasse ihn z. B. seine und fremde Ruderbewegungen anhand von Videoaufnahmen und direkter Beobachtung kommentieren.
- Neben Erklärungen zum Bewegungsablauf sprich auch das Erleben und die Empfindungen des Sportlers an.
- Unterstütze den Ruderer in seinen Bewegungen durch situationsbezogene Korrekturen, durch Verstärkung und Lob.
- Begeistere den Sportler für das Rudern und lebe diese Begeisterung vor.
- Achte bei Korrekturen auf das Wesentliche. Ziel der Ausbildung: Entwicklung von Boots- und Bewegungsgefühl im Rudern. Variiere die Bewegungsaufgaben!
- Überprüfe die Bootsabmessungen.
- Kombiniere das Techniktraining mit konditionellen Anforderungen und Zielen.

Tipps für den Ruderer

- Neben der Verbesserung der Technik sollte auch die Entwicklung der konditionellen Voraussetzungen (Kräftigung, Ausdauer, Beweglichkeit) eingeplant werden.
- Versuche, in gut rudernden Mannschaften mitzurudern.
- Variiere Schlag- und Rollbahnlänge, Schlagfrequenzen und Krafteinsätze als Trainingsparameter.

- Durchrudere Teilstrecken mit unterschiedlichen Aufgabenstellungen, z. B. mit maximaler Geschwindigkeit, unter starker Ermüdung, unter hohen Kraftanforderungen.
- Variiere Bootsgattung, Ruderart, Situationen und Partner.
- Diskutiere über die Rudertechnik! Tausche dich mit dem Trainer und anderen Ruderern aus. Beobachte andere Ruderer.
- Rudere in der Mannschaft mit geschlossenen Augen, versetze dich in das Ruderblatt.
- Rudere längere Strecken (auch in Mannschaften).
- Rudere öfter mit aufgedrehtem Blatt.
- Rudere öfter mit festem Sitz und verlängere allmählich den Rollweg. Probiere unterschiedliche Boots- und Hebeleinstellungen aus.
- Lass deine Technik von anderen analysieren.

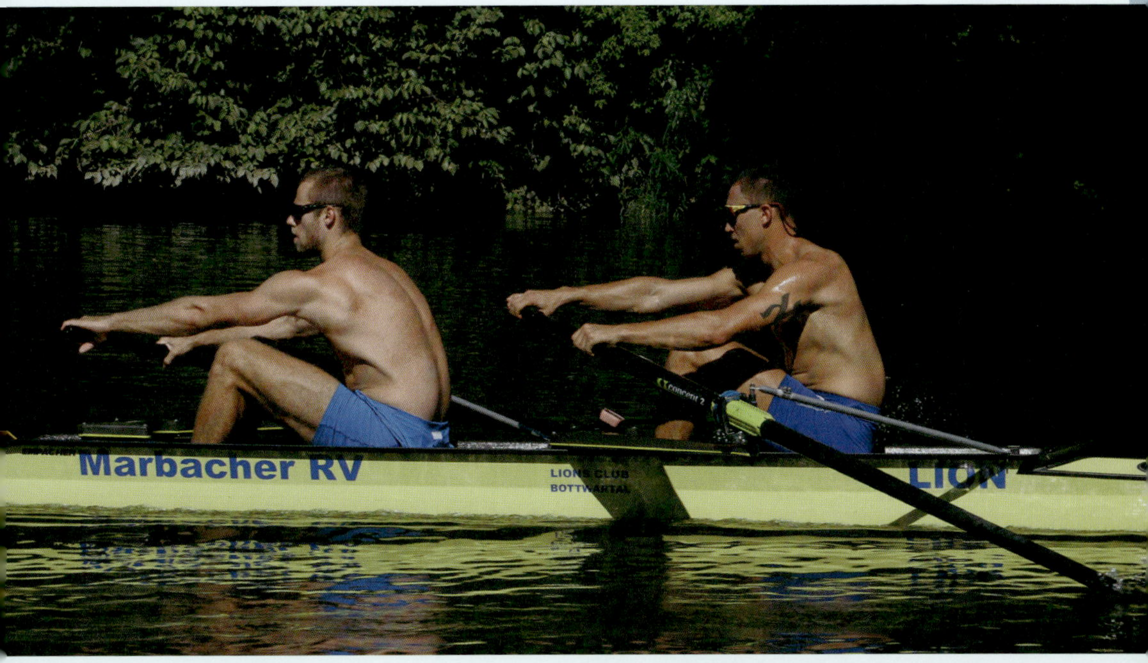

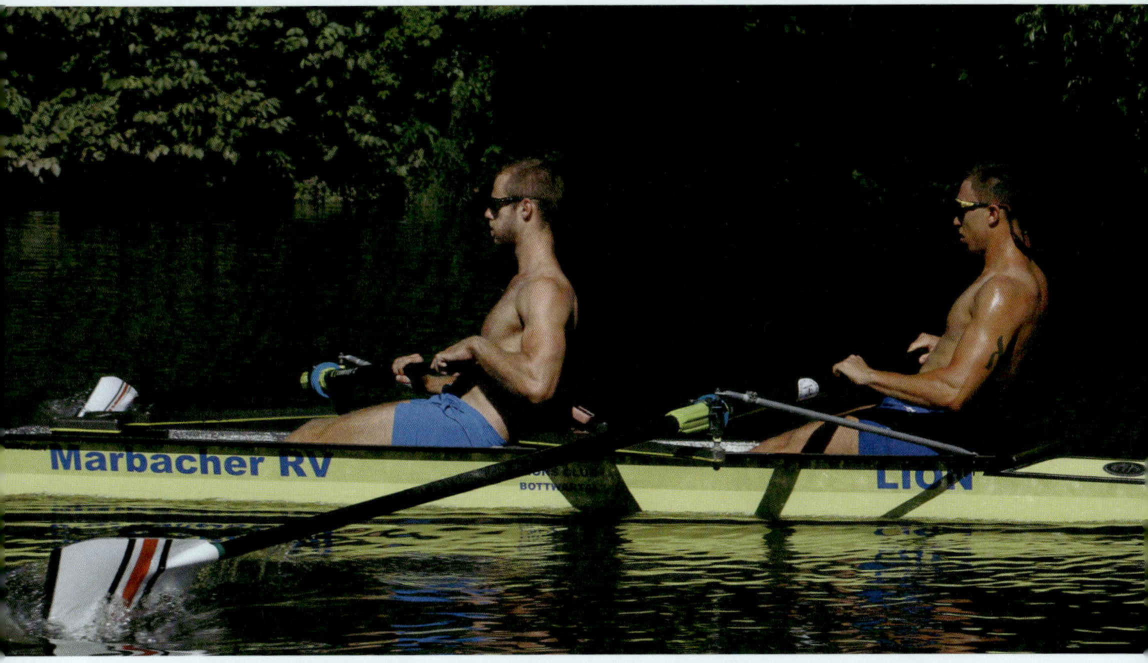

Gute Körperpositionen zum Wasserfassen und Ausheben der Blätter

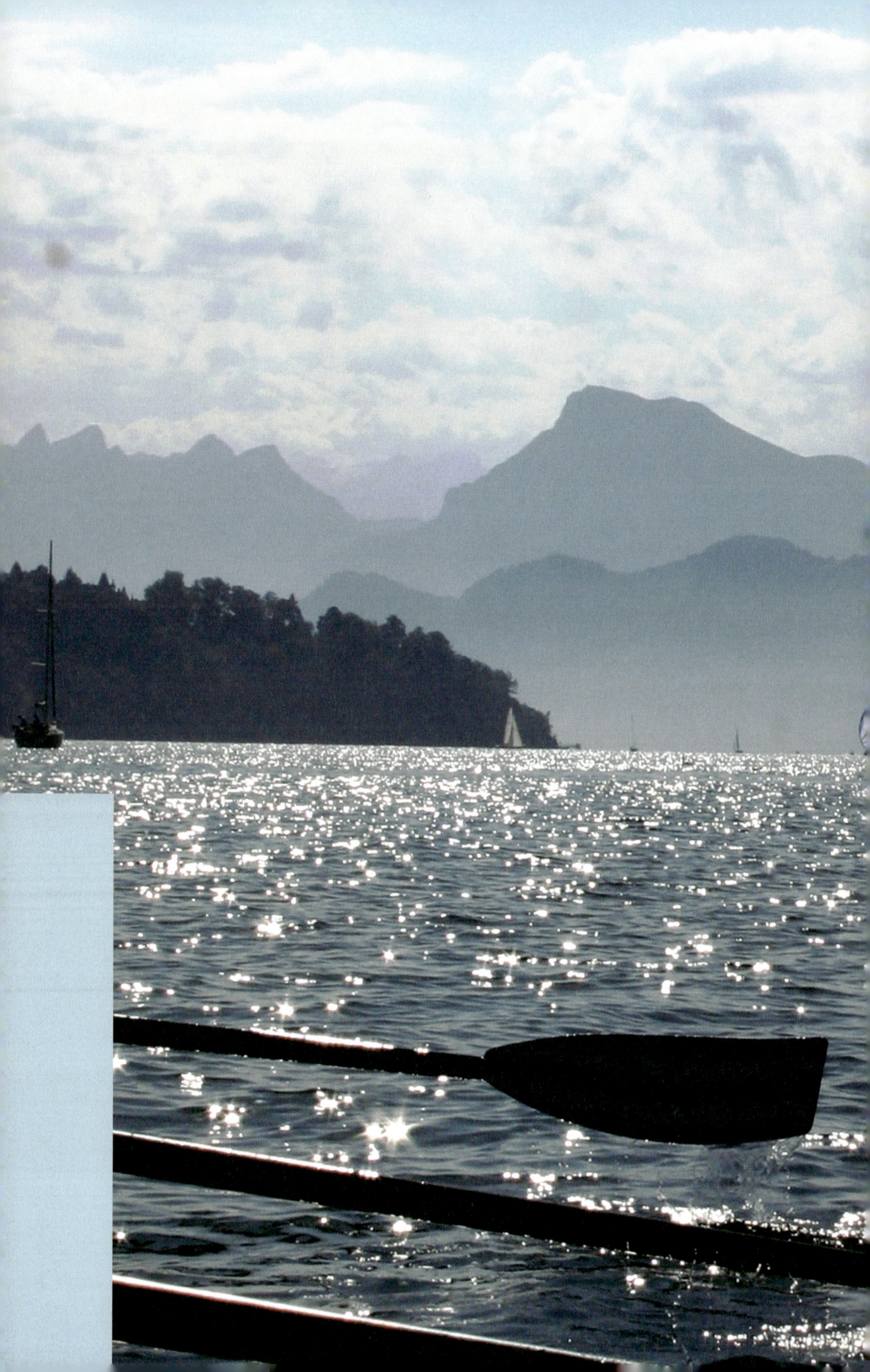

5 ERFAHRUNGS-BEREICHE DES RUDERSPORTS

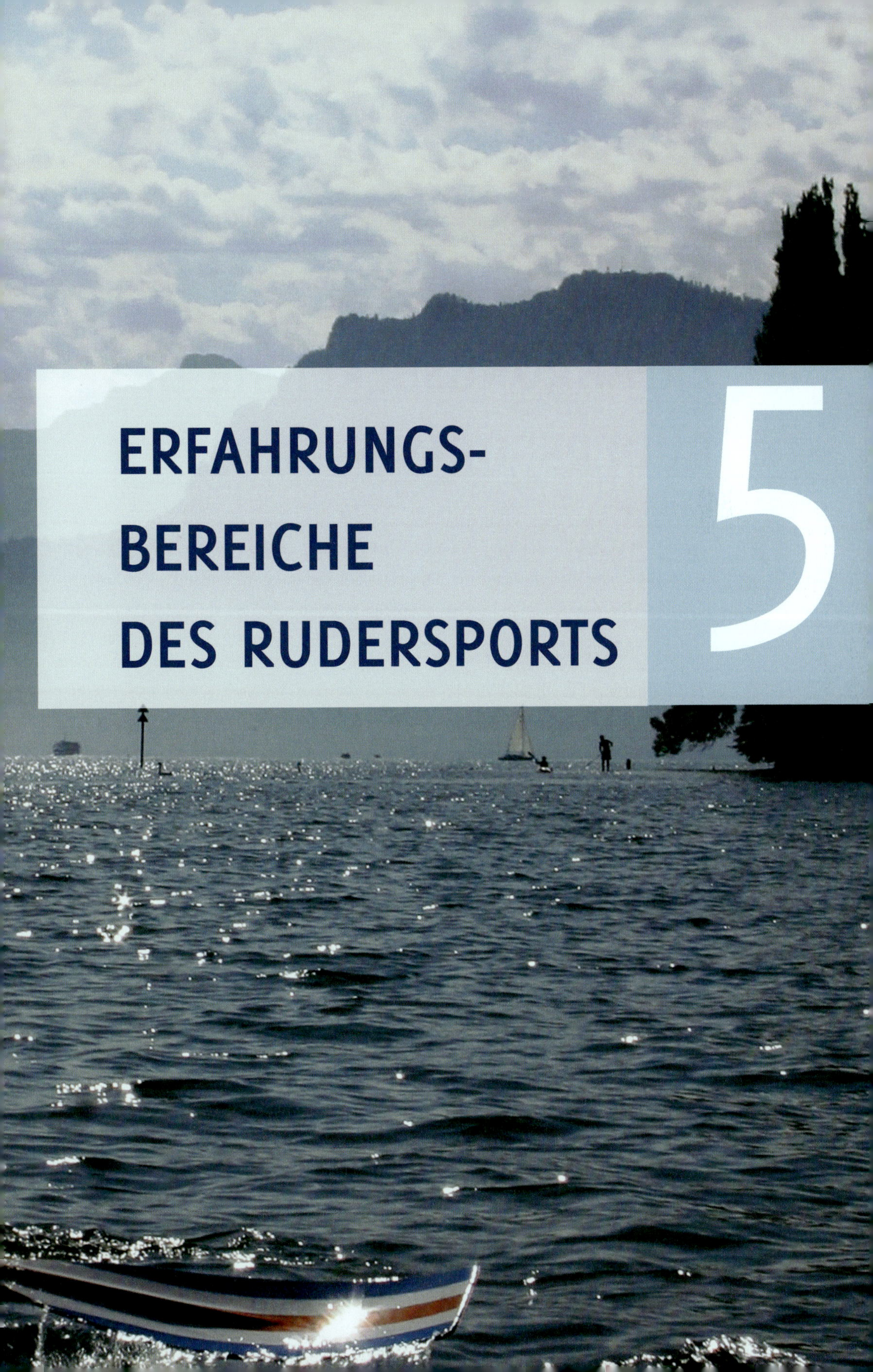

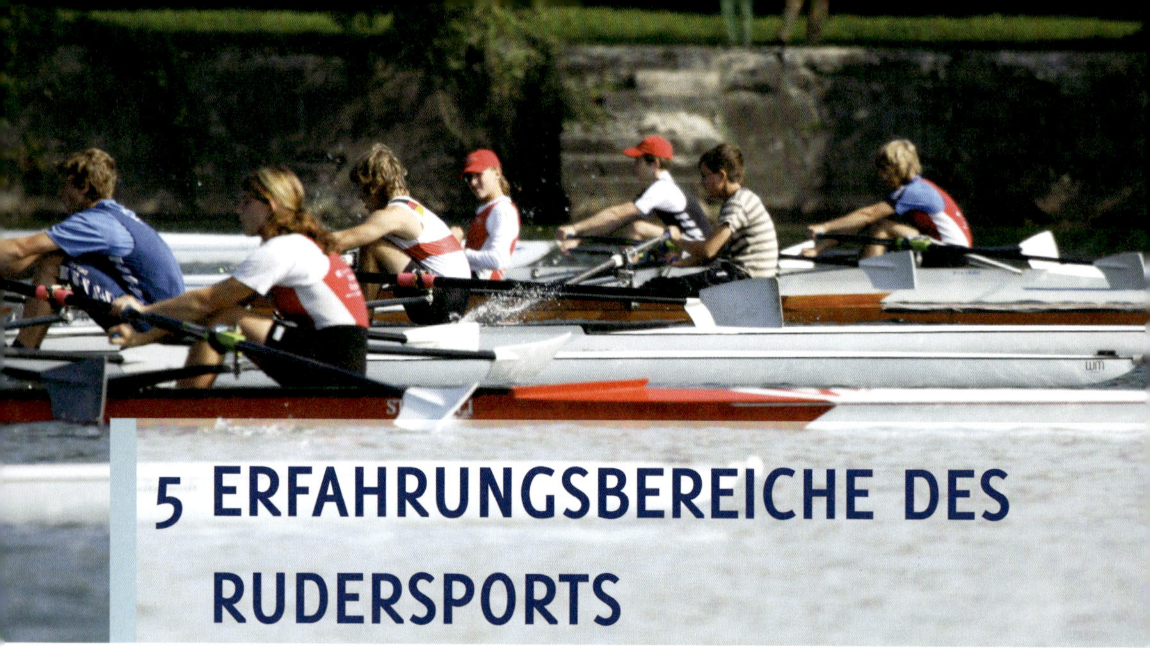

5 ERFAHRUNGSBEREICHE DES RUDERSPORTS

Den Abschluss der Grundausbildung bildet die **Orientierung** über die verschiedenen Bereiche des Ruderns. Die Übergänge zwischen den Bereichen des Ruderns sind fließend. Jeder Anfänger sollte diese Bereiche kennenlernen und gegebenenfalls bestimmte Ziele im Rudern verfolgen.

So sollten z. B. auch Wanderruderer Informationen über den Gesundheits- und Fitnessaspekt des Ruderns erhalten und ab und zu von diesen Angeboten des Vereins Gebrauch machen. Dem angehenden Rennruderer vermittelt eine größere Wanderfahrt auf fremden Gewässern ein unvergessliches Naturerlebnis. Auch der Freizeitruderer kann Technik- sowie Wettkampfformen und -veranstaltungen nutzen, die zur Heranbildung von Rennruderern erforderlich sind.

Der Ausbilder oder Trainer informiert nicht nur über unterschiedliche Bereiche des Ruderns, sondern bietet beispielhaft grundlegende Erfahrungsmöglichkeiten an. Mit der Grundausbildung zum Rudernlernen verfügt der Anfänger über alle Voraussetzungen, um sowohl seine Kenntnisse zu erweitern als auch praktische Erfahrungen in den verschiedenen Bereichen zu sammeln.

5.1 Gefahren auf dem Wasser und Sicherheit im Rudersport

Viele Unfälle im Rudersport resultieren daraus, dass Wetter- und Wasserbedingungen, die richtige Ausrüstung oder die notwendige Aufsicht nicht beachtet werden. Generell gilt, dass jeder Verein für die Durchsetzung von Sicherheitsstandards in seinem Ruderrevier verantwortlich ist.

Häufige Ursachen im Rudern sind dabei meist:

a. Kollisionen mit anderen Booten und Hindernissen im und auf dem Wasser;
b. Fehleinschätzung der Witterungsbedingungen (Sturm, Gewitter, Wellengang, Kälte, Wassertemperatur, Hitze);
c. Schleusen, Wehre, Schiffsverkehr, Strömung.

Die wichtigsten Sicherheitsregeln und Bestimmungen werden meist in einer vereinsspezifischen Ruderordnung festgeschrieben und sollten klare Informationen enthalten über:

- Verantwortlichkeiten der Ruderer, Steuerleute und Trainer;
- örtliche Verkehrsregeln auf dem Wasser;
- Sichere Bootsausrüstung;
- Bootshausregeln;
- Trainerboote;
- Notfallregeln, Kenter- und Unfallausbildung;
- Einträge ins Fahrtenbuch sowie
- visuelle Hilfen oder regelmäßig durchgeführte Übungen zur Sicherheit auf dem Wasser, Lebensrettung, Unterkühlung, Wärmestau (Hitze), Erste Hilfe und Wiederbelebungsmethoden.

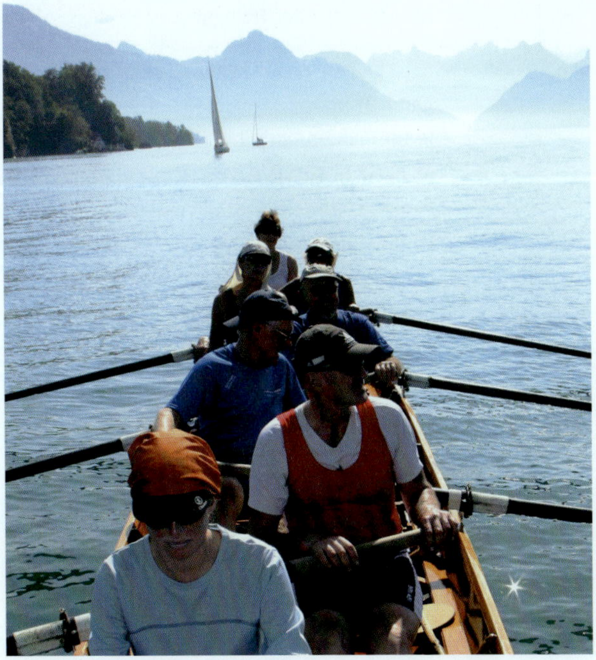

Mit der Seegig auf dem Vierwaldstätter See

Auf dem Bootsplatz eines Vereins sollten leicht zugänglich ein regelmäßig überprüfter Erste-Hilfe-Kasten, Wärmeschutzdecken, Rettungsringe (mit Seil) und Rettungswesten vorhanden sein.

Zur sicheren Bootsausrüstung gehören unter anderem weiße Bugbälle, Fersenbänder (bei Booten mit festen Schuhen) und die Überprüfung der Riemen und Skulls (z. B. Dollenringe, Griffe, Blätter). Boote sollten gewissen minimalen Auftriebsanforderungen genügen:

Bug- und Heckkammern stellen eigenständige Schwimmkammern dar. Der Einsatz von Schaumblöcken, aufblasbaren Schwimmhilfen kann in älteren Booten als Auftrieb verwendet werden.

Kaltes Wasser

Experten definieren bereits Wassertemperaturen von unter 20 °C als „kaltes Wasser". Um Kälteschocks, Schwimmversagen und weitere physiologische Reaktionen zu vermeiden, sollten sich Ruderer auf die Wirkung des kalten Wassers vorbereiten und vorbeugen. Neben einer angepassten Kleidung sollten die Ruderer bei einer Wassertemperatur unter 10 °C vor dem Ablegen gewarnt werden. In vielen Vereinen ist bereits Vorschrift, dass jedes Mannschaftsmitglied eine geeignete Rettungsweste im Winterhalbjahr trägt, oder im Boot mitführt.

Tab. 13: Gefahren

UNFALL	VORBEUGUNG
Kollision mit anderen Booten oder Hindernissen	‣ Fahrtordnungen des Vereins oder des Regattaveranstalters einhalten. ‣ Umschauen der Bugleute ‣ Anweisungen an den Steuermann ‣ Besondere Vorsicht bei starker Strömung, Hochwasser oder Treibgut
Fehleinschätzungen der Witterungsbedingungen	‣ Ratschläge einheimischer Ruderer ernst nehmen. ‣ In Ufernähe rudern, bei Gewitter sofort anlegen. ‣ Kentergefährdete Boote benötigen im Winter Motorbootbegleitung. ‣ Entsprechende Kleidung ‣ Bei durch Wind verursachten Schaumkronen: Fahrt abbrechen, anlegen. ‣ Rettungswesten
Schleusen, Schiffsverkehr	‣ Anweisungen des Schleusenwärters beachten. ‣ Hinter der Motorschifffahrt einfahren. ‣ Bei Schiffswellen: Boot parallel zu den Wellen legen. ‣ Bei Schiffsverkehr: Etwa in der Mitte zwischen Ufer und Motorschiff bewegen. ‣ Boot immer steuerbar halten.

5.2 Wanderrudern

Das Wanderrudern erfreut sich großer Beliebtheit, ist in den Vereinen sehr weit verbreitet und blickt auf eine sehr lange Tradition zurück. Mit Tagesetappen von 25-50 Kilometern oder mehr erlebt man beim Befahren heimischer und fremder Gewässer die Freude an der Natur in geselligen Gruppen. Wanderrudern kann als

a. Tagesfahrt oder
b. mehrtägige Wochenend- oder Urlaubswanderfahrt durchgeführt werden. Eine mehrtägige Wanderfahrt über große Strecken erfordert spezielle psychische und physische Ausdauerfähigkeiten.

Die Ziele der Wanderruderer können sehr vielfältig sein:

- Gesundheit und Erholung in freier Natur,
- Geselligkeit und Kulturerlebnis,
- Leistung und eine Art Wettkampf sowie
- Abenteuer, Entdeckerdrang.

Immer beliebter ist die Kombination des Wanderruderns mit anderen Sportarten oder Erlebnismöglichkeiten (Rudern -Radfahren, Rudern - Kultur, Rudern - Natur, Rudern - Abenteuer).

Diese Verbindungen eröffnen neue Perspektiven nicht nur für den Rudersport, sondern auch für den jeweils dazukombinierten Bereich. Hierbei lassen sich durchaus die Interessen verschiedener Alters- und Leistungsgruppen in Einklang bringen.

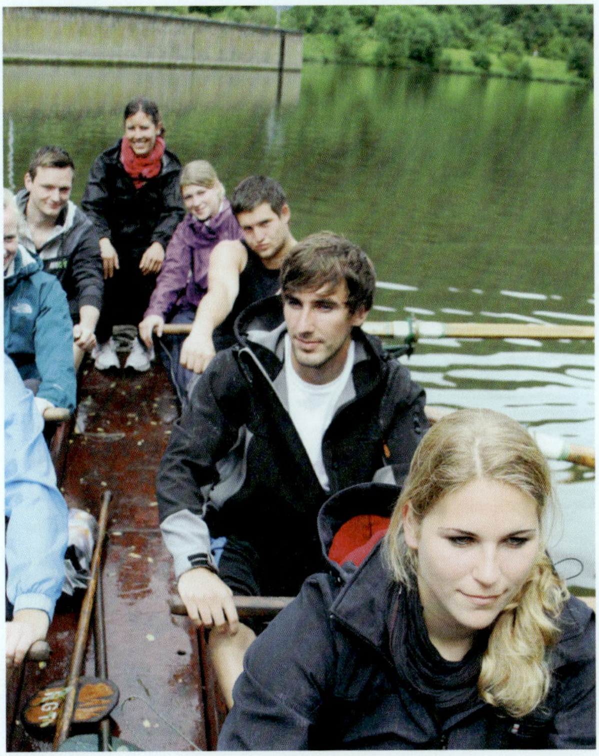

Wanderrudern in der Barke

Tipps zur Vorbereitung und Durchführung von Wanderfahrten

Damit die Planung und Durchführung einer Ruderwanderfahrt zum Erfolg führen, ist vorab zu klären, welche persönlichen Vorstellungen und Bedürfnisse der Teilnehmer vorliegen.

Wanderfahrten bedürfen - vor allem bei der Befahrung neuer Gewässer durch die Teilnehmer - oft langfristiger Vorbereitungen, insbesondere dann, wenn man in organisatorischen Fragen (Boote, Transport, Unterkunft, Gewässer) auf fremde Unterstützung angewiesen ist. Die Planung (Checkliste) bezieht sich auf folgende Bereiche:

Tab. 14: Tipps für Wanderfahrten

Zusammensetzung der Gruppe und Zielsetzungen der Teilnehmer	Gruppe homogen - heterogen Wichtig in Bezug auf: ▸ Art und Kosten für Unterkunft und Verpflegung ▸ Streckenlänge und -qualität (Risiko) ▸ Kulturelles Angebot ▸ Natur ▸ Transportmöglichkeiten für Teilnehmer und Boote ▸ Versicherungs-, Aufsichts- und Rechtsfragen
Informationsquellen	▸ Erfahrungsaustausch ▸ Literatur (Almanach, Handbuch für Wanderruderer, Fachzeitschriften, Reiseliteratur) ▸ Adressen (Vereine, Wasserwirtschaftsämter). ▸ Materialien (Prospekte, Karten, Bekanntmachungen des Verbandes)
Streckenauswahl	▸ Dauer der Wanderfahrt ▸ Qualität und Einteilung der Strecke (Schifffahrtsrecht, Schleusen, Etappenlänge, Übernachtungsmöglichkeiten) ▸ Organisation der Boote, Kosten, Begleitfahrzeug
Ausrüstung	▸ Eignung der Boote, Ruderart (Skull/Riemen). ▸ Zubehör ▸ Persönliche Ausrüstung.
Versicherung	▸ Durch den Teilnehmer (Krankheit, Unfall, Haftpflicht, Reisegepäck) ▸ Durch den Verein (Bootstransport, Haftpflicht)

Sonstiges	▸ Einverständniserklärung der Eltern bei Jugendlichen ▸ Information der Teilnehmer ▸ Nachbereitung einer Wanderfahrt (Materialrückgabe, Abrechnung, Nachtreffen)

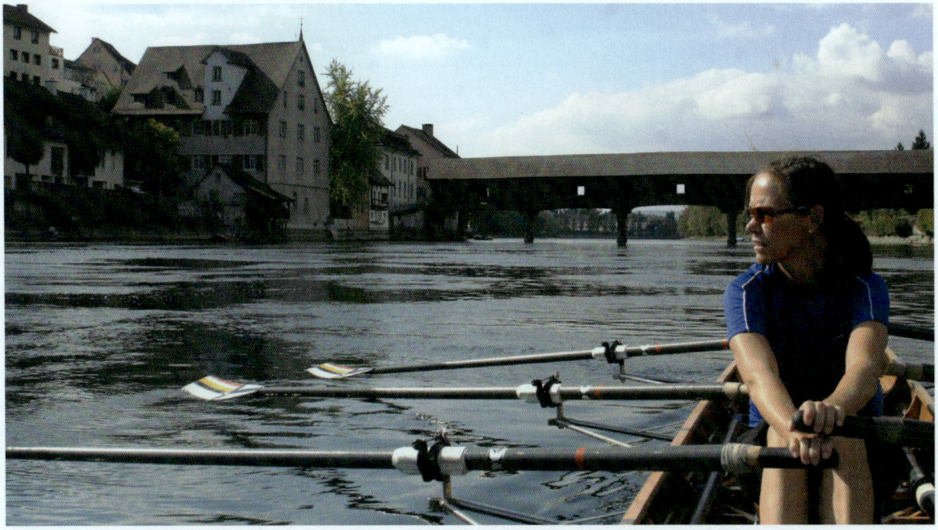

Tagesfahrt auf dem Hochrhein

Gesundheitstipps für Ruderwanderfahrten

Nachfolgende Hinweise gelten gleichermaßen für das Wanderrudern, das Rennrudern wie auch für den allgemeinen Ruderbetrieb in den Vereinen. Es werden nur wenige ruderspezifische Verletzungen und Schädigungen aufgeführt.

Ausführliche Informationen zur „Ersten Hilfe bei Sportverletzungen" und Vorschläge für eine Reiseapotheke finden sich im *Handbuch für Wanderruderer* des Deutschen Ruderverbandes (Schwandt 2000).

Inhalt einer Fahrtenapotheke

- Wundschnellverband (Hansaplast), elastische Verbände (6 und 8 cm), Leukoplast, Dreieckstuch, Verbandmull (2-3-fach), Sicherheitsnadeln, flüssiges Desinfektionsmittel;
- Sportgel, Mittel gegen Insektenstiche, Vaseline, Wundsalbe und Wundpuder, Hirschtalg;
- Schere, Pinzette, sterile Lanzetten;
- Papiertaschentücher, eventuell Fieberthermometer.

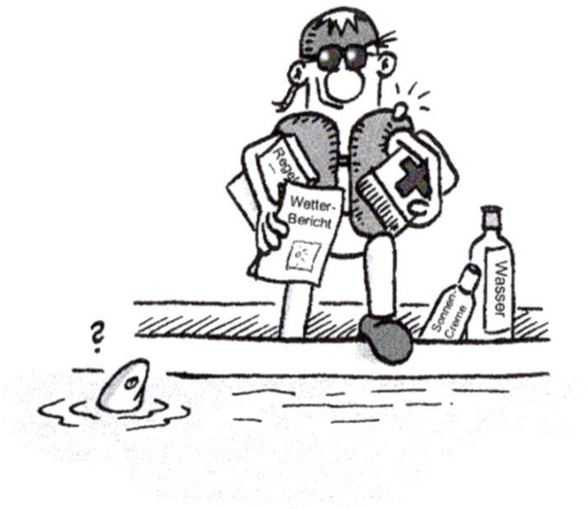

Tab. 15: Behandlung und Vorbeugeugung von Verletzungen

VERLETZUNG	MASSNAHMEN	VORBEUGUNG
Blasen (an Händen und Füßen)	Blutblasen nur mit sterilen Lanzetten öffnen, mit Papiertaschentuch abtupfen, mit flüssigem Hautdesinfektionsmittel bestreichen, evtl. Wundpuder auftragen und Verband.	Öfter rudern als Fahrtvorbereitung Hirschtalg, Tapen (hält nur kurz).
Wund gerudert	Sauber waschen, Wundpuder, dann Wundsalbe auftragen.	Gut sitzende, keine verschwitzte Kleidung (Versalzung), frische, saubere Kleidung
Insektenstiche	Kühlen und mit Mittel gegen Insektenstiche einreiben.	Lange Kleidung, Anti-Mücken-Mittel
Riss- und Schürfwunden	Kleine Verletzungen: Nach Blutstillung abtupfen, Wunde desinfizieren, Pflaster. Größere Verletzungen: Druckverband anlegen, Arzt aufsuchen, nicht mit Wasser auswaschen!	Tetanusimpfung
Hitzschlag, Kreislaufkollaps	Beine hochlagern, Schatten aufsuchen und kühlen. Bei länger anhaltender Bewusstlosigkeit Notruf alarmieren.	Sonnenschutz, Flüssigkeit aufnehmen, Hitze meiden.

Wadenkrampf	Muskulatur passiv dehnen und dann lockern, leichte Massage.	Flüssigkeit (Mineralwasser, Elektrolyte), eventuell Bootseinstellung überprüfen.
Auskühlung	Schnelle Erwärmung durch Vollbad; bei leichteren Formen längere Zeit heiß duschen. Kein Alkohol!	Geeignete Kleidung, die noch wärmt, auch wenn sie nass wird.
Furunkel	Furunkel nicht berühren, Schutzverband anlegen und die Innenseite mit Borsalbe bestreichen.	Saubere Sportkleidung
Holzsplitter in der Haut	Sichtbare Teile mit Pinzette entfernen, Schutzverband; bei größeren Splittern Arzt zurate ziehen.	Tetanusimpfung

5.3 Rudern als Fitness-und Gesundheitssport

Der Begriff „Fitness" beinhaltet neben der körperlichen und motorischen auch psychische und soziale Dimensionen. Gerade im Rudersport können diese Dimensionen miteinander verknüpft werden:

1. **Gesundheit:**
   Fitness als Prävention vor Krankheiten und als Verzögerung von Alterungsprozessen.

2. **Kondition:**
   Fitness als Erhaltung und Steigerung körperlicher Leistungsfähigkeit.

3. **Wohlbefinden:**
   Fitness als körperliche und seelische Erholung durch Freude, Lust, Anstrengung und Entspannung.

4. **Geselligkeit:**
   Fitness als gelungener Kontakt mit der Umwelt, als Anerkennung durch andere und in Kooperation mit anderen.

Rudern und Gesundheit

Rudern leistet einen bedeutenden Beitrag zur Gesundheit des Einzelnen. Eine gleichmäßige Belastung aller Organe wird bewirkt und es besteht kaum eine Verletzungsgefahr. So wirkt Rudern präventiv gegen:

- Herz-Kreislauf-Schäden durch aerobe Ausdauerbeanspruchungen;
- Mangelnde Umstellungsfähigkeit des vegetativen Nervensystems durch den Wechsel dosierter Belastungsformen, dem Rudern in freier Natur zu jeder Jahreszeit und bei fast jedem Wetter;
- Muskelschwund und Haltungsschäden aufgrund muskulärer Beanspruchungen; alle großen Muskelgruppen werden eingesetzt und gefordert, insbesondere die Rumpfmuskulatur;
- Nachlassende Beweglichkeit und Verspannungen durch die Dehnung und Bewegung der Wirbelsäule und des Schultergürtels;
- Übergewicht durch einen hohen und dosierbaren Kalorienverbrauch.

Rudern und Kondition

Mit einem konditionell guten Zustand lassen sich nicht nur Alltagsanforderungen besser bewältigen, eine gute körperliche Verfassung ist auch die Voraussetzung für die Durchführung weiterer Freizeitaktivitäten. Eine gute allgemeine Kondition ist gekennzeichnet durch eine gleichmäßige Ausprägung aller Komponenten, wie z. B. Kraft, Ausdauer, Schnelligkeit und Beweglichkeit. Das Training dieser Komponenten verläuft nach den Gesetzmäßigkeiten der biologischen Anpassung zur Verbesserung oder Erhaltung des physischen Leistungszustandes. Unter Beachtung dieser Gesetzmäßigkeiten eignet sich das Rudern ganz besonders auch als allgemeines Konditionstraining, weil es

- die allgemeine und spezielle (ruderische) Steigerung der Komponenten fördert.
- die Widerstandsfähigkeit der Muskulatur gegen Verletzungen erhöht.
- zur Vorbeugung gegen Erkrankungen der Organsysteme geeignet ist.
- die Entwicklung koordinativer Fähigkeiten (wie z. B. Gleichgewicht und Rhythmusfähigkeit) unterstützt.

Tipps

- Alle Fitnesskonzepte dürfen sich nicht zu einem „Muss" entwickeln, sie sollen Spaß machen.
- Übertriebener Ehrgeiz im Wettkampf-, wie auch im Wanderrudern ist zu vermeiden.
- Verbinde die Konzepte untereinander, dann werden sie erst voll wirksam.
- Vor einem Fitnessprogramm unterziehe dich einer gründlichen ärztlichen Untersuchung.
- Beachte im fortgeschrittenen Alter (50+ Jahren) folgende Hinweise:

1. Keine maximalen Beanspruchungen im höheren Alter.
2. Vermeide allzu große Krafteinsätze.
3. Belaste dich kontinuierlich.

Rudern und Wohlbefinden

Rudern vermittelt unmittelbare körperliche Erfahrungen: Anstrengung – bis an die Grenzen der individuellen Belastbarkeit (z. B. in einem Ruderrennen), Ermüdung nach einer langen Tagesetappe auf einer Wanderfahrt, Entspannung und Erholung in der Natur.

Nur wer die Erfahrung gemacht hat, sich körperlich zu belasten, kann sich im Sport auch entspannen und erholen. Notwendig erscheint dabei eine gewisse Regelmäßigkeit und ein bestimmtes Fertigkeitsniveau. Erst eine gewisse Regelmäßigkeit und vielmalige Erfahrungen fördern die Freude und Lust am Rudern.

Diese Art von Fitness zielt über physische und gesundheitliche Absichten hinaus in den Bereich der Selbsterkennung und -verwirklichung, der einem erst in seinen Auswirkungen bewusst wird, wenn man sie selbst erfahren hat.

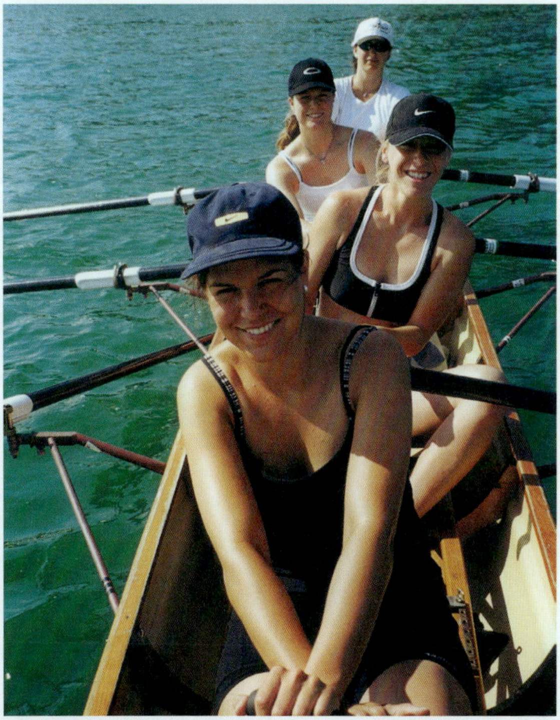

Rudern macht Spaß.

Rudern und Geselligkeit

Als Mannschaftssport und als vereinsgebundener Sport spielt Geselligkeit im Rudersport eine wichtige Rolle. Geselligkeit lebt von Kontakten des Einzelnen mit seiner sozialen Umwelt, von der Anerkennung durch andere und der Kooperation mit anderen:

- Rudern in festen Mannschaften und Gruppen entwickelt und vermittelt ein Zusammengehörigkeitsgefühl.
- Geselligkeit findet auch während des Ruderns statt und wird begünstigt durch gemeinsame Erfahrungen.
- Rudern im Verein bietet zahlreiche Anlässe für formale (offizielle Veranstaltungen) und informelle (Treffs, Stammtische) Formen der Geselligkeit.

Ruderwettkampfformen für Freizeit- und Fitnessruderer

Die Wettkampfidee ist ein zentraler Bestandteil des Rudersports. Diese Idee bezieht sich allerdings nicht nur auf den Leistungsvergleich von jugendlichen Rennruderern oder international startenden Spitzenathleten.

Waren es früher auch Regattateilnahmen für Rennruderwillige und nicht allzu ambitionierte Fitnessruderer über kürzere Renndistanzen (oftmals in der Gig) oder mittlere Strecken, erfreuen sich mittlerweile Rudermarathons, Wettbewerbe mit einer Vielfalt von zugelassenen Bootsgattungen sowie Wettbewerbe auf dem Ruderergometer zunehmender Beliebtheit für die Zielgruppen.

Diese wünschenswerte Entwicklung stellt eine große Bereicherung für den gesamten Rudersport dar und erweitert das Sportangebot insbesondere für erwachsene Einsteiger.

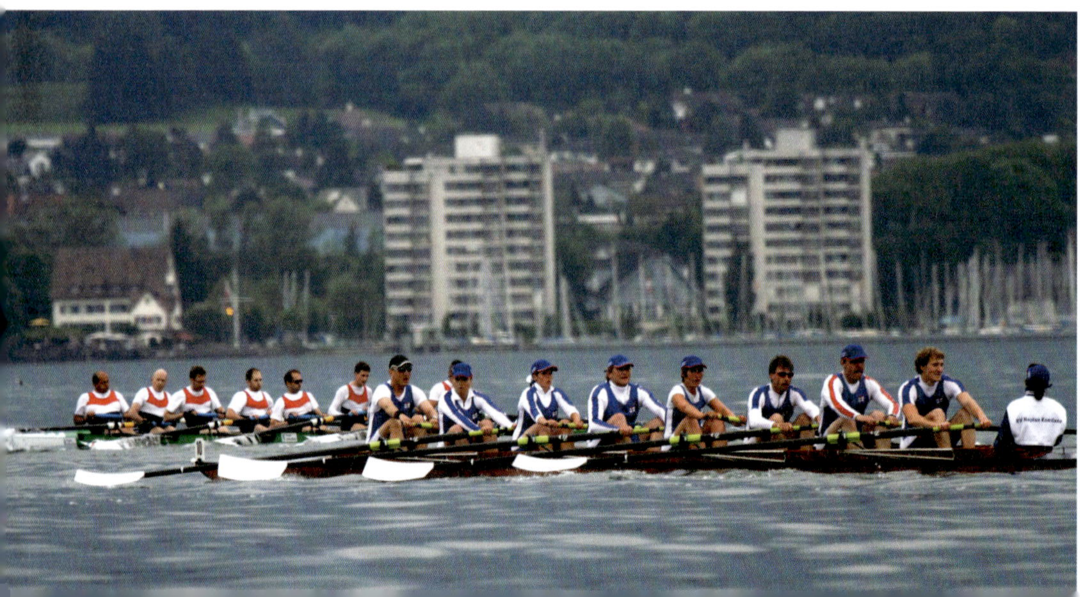

5.4 Die ersten Trainingseinheiten im Rudern

Training allein bringt noch keine Spitzensportler hervor. Trainieren ist der bewusste, regelmäßige und gezielte Einfluss auf die körperliche Leistungssteigerung oder -erhaltung mit bestimmten Zielsetzungen. Dabei werden biologische Anpassungserscheinungen durch systematisch wiederholte Bewegungsreize erwirkt, die neben den körperlichen Anpassungserscheinungen auch Auswirkungen auf die Psyche und Persönlichkeit des Sportlers, wie z. B. Willenskraft, Motivation, Wohlbefinden, Leistungsbereitschaft, haben und die sich dann gegenseitig beeinflussen.

Im Rudern lassen sich sechs Ziel- und Orientierungsbereiche unterscheiden:

Fitnesstraining

Ziele: Gesundheit, Wohlbefinden, allgemeines und ruderspezifisches Konditionstraining, Geselligkeit, Breitensportwettkämpfe (Fahrtenabzeichen, Langstreckenrennen, Rudertriathlon ...).

Gesundheitstraining

Ziele: Vorbeugung von Krankheiten (Bluthochdruck, Rückenbeschwerden, Diabetes, Übergewicht, Stress).

Grundlagentraining

Ziele: Herausbildung einer guten Rudertechnik, ruderischer Leistungsfaktoren, Leistungsvermögen und -bereitschaft in Abhängigkeit von der körperlichen und altersgemäßen Entwicklung, Regattabesuche.

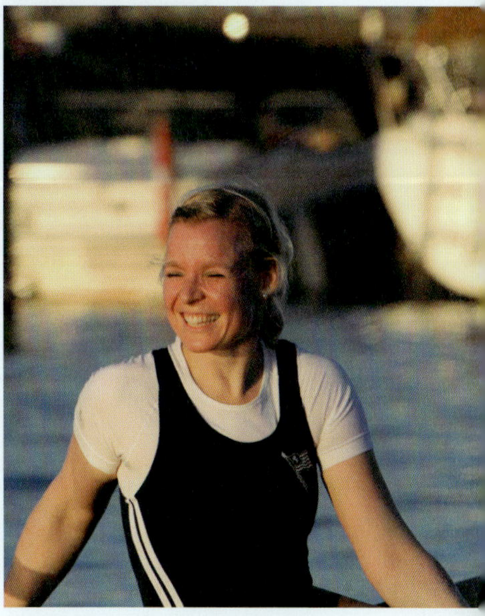

Rennrudern und Wettkampfsport

Ziele: Regelmäßige Regattabesuche auf regionaler und nationaler Ebene (z. B. Landesmeisterschaften, Indoorveranstaltungen usw.), Entwicklung und Erhaltung ruderspezifischer Leistungsfähigkeit in Abwägung von Aufwand und Ertrag.

Hochleistungstraining

Ziele: Optimierung der ruderspezifischen Leistungsfähigkeit in Bezug auf nationale und internationale Anforderungen, Abstimmung der Lebensweise auf spitzensportliche Zielsetzungen.

Rehabilitations- und Kompensationstraining

Ziele: Wiederherstellung der Leistungsfähigkeit und Lebenstüchtigkeit (z. B. nach Verletzungen oder Bewegungsmangelerkrankungen), Erweiterung der Handlungsmöglichkeiten körperbehinderter Sportler, Kompensation körperlicher und psychischer Einschränkungen, Integration in die soziale Umwelt des Vereins. Ein spezieller Bereich ist das Para-Rudern, der auch Rennrudern und Hochleistungstraining sein kann.

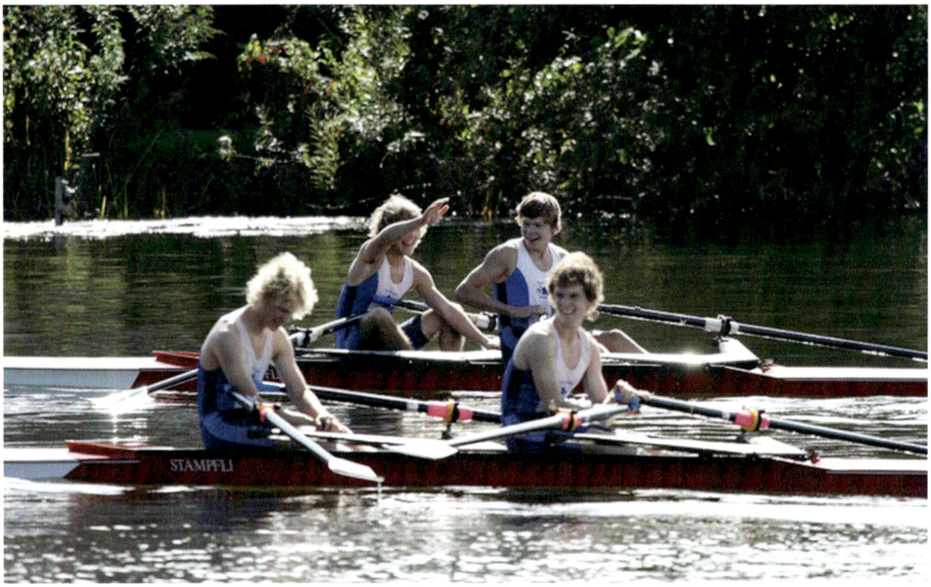

Freude und Enttäuschung liegen dicht beieinander.

Die Motive von Ruderern, ein Rudertraining zu absolvieren, können sehr vielfältig sein. Für ein effektives Training – mit welchem Ziel auch immer, – spielt die Trainingsbelastung eine entscheidende Rolle für den Trainingserfolg.

Den Trainingsbegriff, den wir hier zugrunde legen, betrachtet sportliches Training nicht nur als Vorbereitung von Spitzen- und Hochleistungssportler auf nationale und internationale Wettkämpfe. Angesprochen sind damit alle, vom Anfänger über Fortgeschrittene bis hin zu Rennruderern aller Altersklassen, die ihre Leistung und Fitness steigern, erhalten oder wiederherstellen möchten.

Allgemeine Gesetzmäßigkeiten des Trainings

1. Das Gesetz von Belastung und Anpassung

Zur Entwicklung der physischen Leistungsfähigkeit sind bestimmte Mindestreize erforderlich, die eine planmäßige Störung des allgemein bestehenden körperlichen Gleichgewichts bewirken. Diese Störung äußert sich als Ermüdung des Organismus, die jedoch wieder den Neuaufbau der erschöpften Energiepotenziale bewirkt und die Funktionsfähigkeit nicht nur wiederherstellt (Regeneration), sondern eine Anpassung über das ursprüngliche Niveau hinaus bewirkt (Superkompensation).

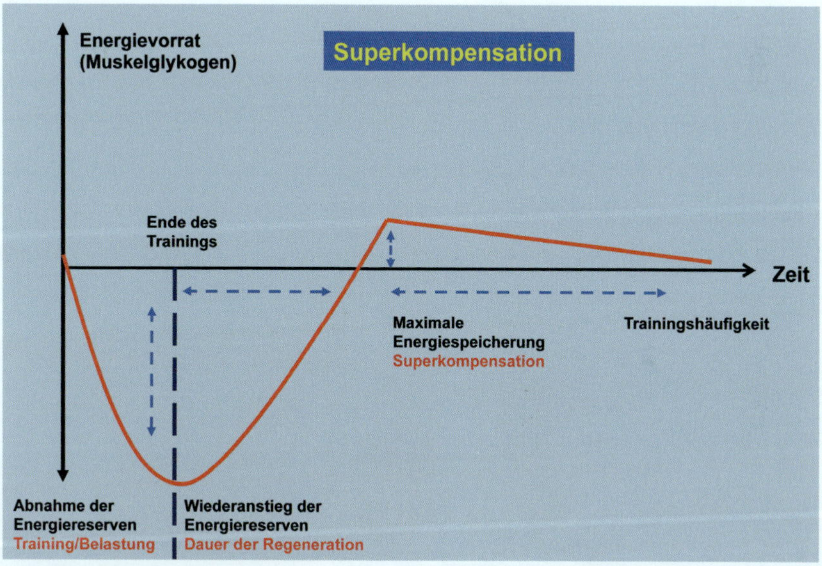

Abb. 18: Modell der Superkompensation

2. Trainingshäufigkeit

Die Trainingshäufigkeit (Anzahl der Belastungseinheiten pro Woche) ist neben der Intensität und der Dauer eines Reizes ein wesentlicher Faktor der Anpassung. Im Gegensatz zu Spitzensportlern muss sich der Freizeitsportler Gedanken über ein sinnvolles Verhältnis von Aufwand und Ertrag machen. Prinzipiell ist es sinnvoller, häufig in kleinen Portionen zu trainieren, als seltener und dafür in zu großen Umfängen.

Belastungs- und Trainingshäufigkeit bestimmen sich durch:

- den momentanen Leistungsstand,
- Belastungsart,
- Belastungsintensität, -dauer und -umfang,
- Qualität der Erholung nach vorausgegangenen Belastungen,
- Lebensführung (Ernährung, Schlaf, Erholung),
- Ziele und Interessen des Sportlers und
- die verfügbare Zeit für das Training.

3. Belastungssteigerung und Leistungszuwachs

Mit steigender Leistungsfähigkeit steigt auch die Reizschwelle, um Anpassungserscheinungen zu erzielen. Je besser der Trainingszustand ist, desto geringer ist der Leistungszuwachs im Verhältnis zum Trainingsaufwand und desto höher wird der Aufwand, um diesen Trainingszustand zu erhalten. Eine Anpassung erfolgt in der Regel über definierte Belastungskomponenten, die die Struktur der äußeren Belastung beschreiben. Wenig trainierte Sportler erzielen demnach mit wenig Aufwand schon in relativ kurzer Zeit einen guten Leistungszuwachs, bei Hochtrainierten wird das Verhältnis zwischen Aufwand und Ertrag immer ungünstiger.

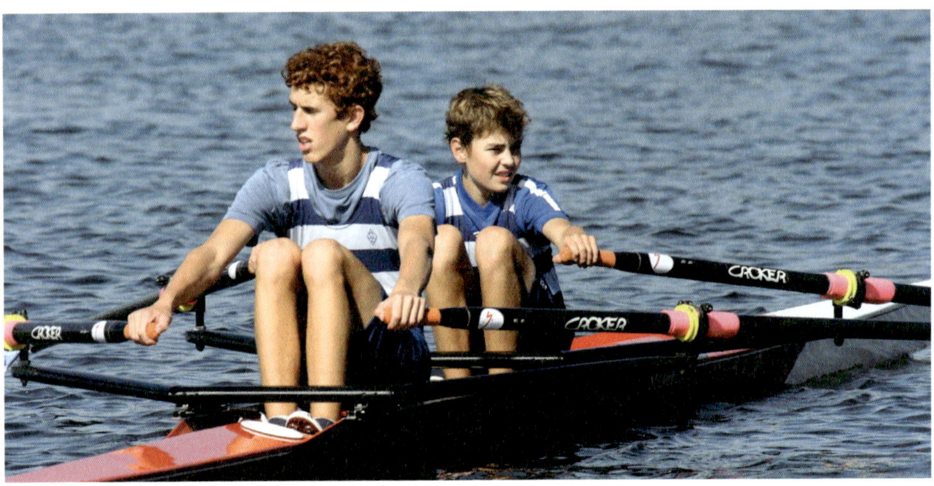

Mannschaft ist mehr als Größe und Gewicht.

Tab. 16: Möglichkeiten der Belastungssteigerung (Struktur der äußeren Belastung):

KOMPONENTEN	QUANTIFIZIERUNG
1. Trainingshäufigkeit	Trainingseinheiten/Woche
2. Trainingsumfang	Km, Minuten, Trainingsdauer
3. Reizintensität	m/s, m/min, Schlagfrequenz
4. Reizdauer	s, min, Wiederholungen/Serie
5. Reizhäufigkeit	Anzahl der einzelnen Reize
6. Reizdichte	Zeitliches Verhältnis zwischen Belastung und Erholung

4. Qualität der Anpassung

Für den Trainingseffekt spielt auch die Art der Belastung eine wesentliche Rolle: Spezielle Reize führen zu speziellen Anpassungen, d. h., bei gleicher Trainingsqualität (als Produkt der Belastungskomponenten), aber unterschiedlicher Zusammensetzung ergeben sich unterschiedliche Trainingseffekte. Relativ kurze, intensive Reize mit definierten Pausen haben über den gleichen Zeitraum andere Trainingswirkungen als ein weniger intensiver Reiz ohne Pausen.

Trotz der gleichen Quantität an Belastung ergeben sich qualitativ unterschiedliche Trainingswirkungen.

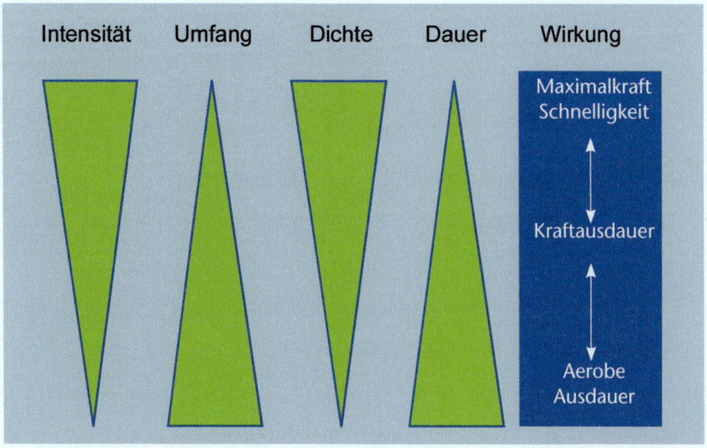

Abb. 19: Qualität der Anpassung

Neben der äußeren Belastung, die durch quantifizierbare Belastungskomponenten festgelegt wird, ist die individuelle Anpassungsreaktion (innere Belastung) des Sportlers entscheidend für den Trainingseffekt. Die objektiv gleiche Trainingsanweisung kann von Ruderern unterschiedlicher, aber auch ähnlicher Leistungsstärke als unterschiedlich stark belastend empfunden werden, sodass neben dem subjektiven Ausprägungsgrad der Belastung auch eine andere Anpassungsreaktion und damit ein anderer Trainingseffekt zu erwarten ist.

Neben der Erfassung der äußeren Belastungsstruktur sollte deshalb auch das subjektive Belastungs- und Beanspruchungsempfinden in der Steuerung des Trainings berücksichtigt werden, vor allem in der Intensitätssteuerung.

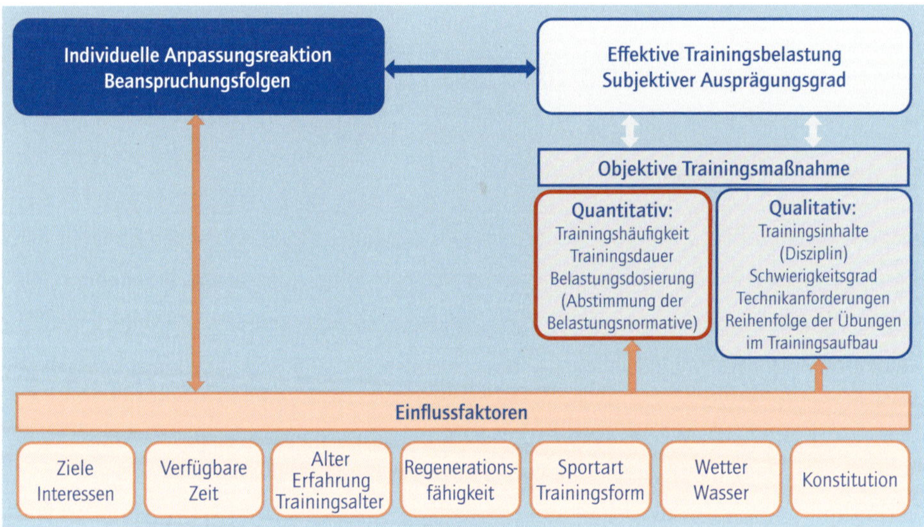

Abb 20: Trainingsbelastung und individuelle Anpassungsreaktion im Rudern

Allgemeine Hinweise zur Trainingsgestaltung für Fitnessruderer

- Beachte immer Aufwand und Nutzen des Trainings: 2-3 x Training pro Woche genügen, um einen guten Leistungsstand zu erhalten und um einen weniger guten zu verbessern. 4 x Training pro Woche entwickelt auch die Leistungsfähigkeit eines gut trainierten Sportlers. Häufiger als 4 x Training pro Woche bedarf einer exakten Trainingsplanung.
- Öfter kleinere Trainingseinheiten (z. B. 3-4 x ca. 30-60 Minuten/Woche) sind effektiver als wenige große (z. B. 1-2 x zwei Stunden).

- Verteile die Trainingseinheiten über die Woche, z. B. im Wechsel mit freien Tagen.
- Regelmäßiges Training ist einem Blocktraining (viele Einheiten hintereinander, dann wieder tage-/wochenlang kein Training) vorzuziehen.
- Wechsle Belastungsform und Sportarten. Übe zur Ausdauerentwicklung nicht nur eine Sportart, sondern mehrere aus (neben dem Rudern auch noch Laufen, Schwimmen, Radfahren, Skilanglauf, Inlineskaten ...).
- Trainiere nicht nur einen physischen Leistungsfaktor (z. B. nur die aerobe Ausdauer), sondern ergänze dein Training gleichzeitig durch Beweglichkeitsübungen, koordinative Beanspruchungen und durch eine allgemeine Kräftigung der Hauptmuskelgruppen.

Trainingseinheiten für Fitnessruderer

Die Entwicklung der Leistungsfähigkeit im Rudern ist gekennzeichnet durch ein Zusammenwirken konditioneller, rudertechnischer und psychischer Faktoren. Abgesehen vom Training der Leistungs- und Spitzenruderer, die einzelne Trainingseinheiten sehr spezifisch auf die Entwicklung eines Leistungsfaktors ausrichten müssen, sollte unter Berücksichtigung des Leistungsstandes, des Zeitbudgets und der Gesetzmäßigkeiten des Trainings eine Kombination mehrerer, an der Ruderleistung beteiligter Faktoren, die sich gegenseitig nicht aufheben dürfen, in die Trainingseinheit auf dem Wasser eingebaut werden.

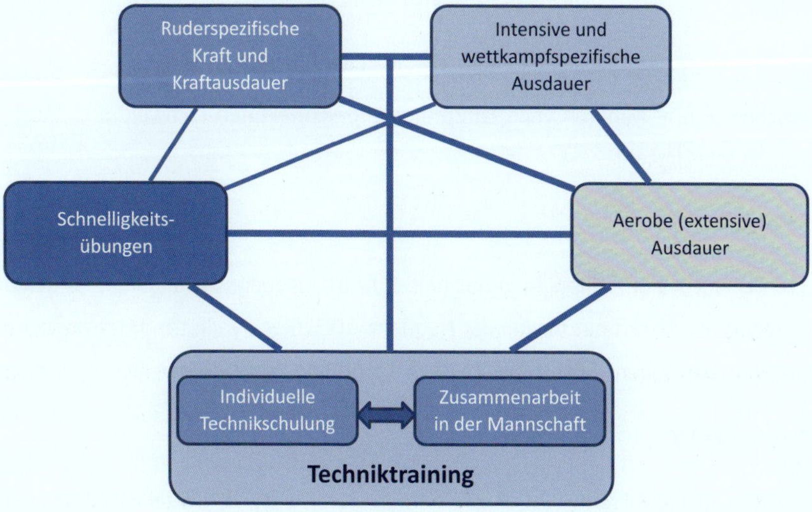

Abb. 21: Kombinationsmöglichkeiten unterschiedlicher Leistungsfaktoren in einer Rudertrainingseinheit

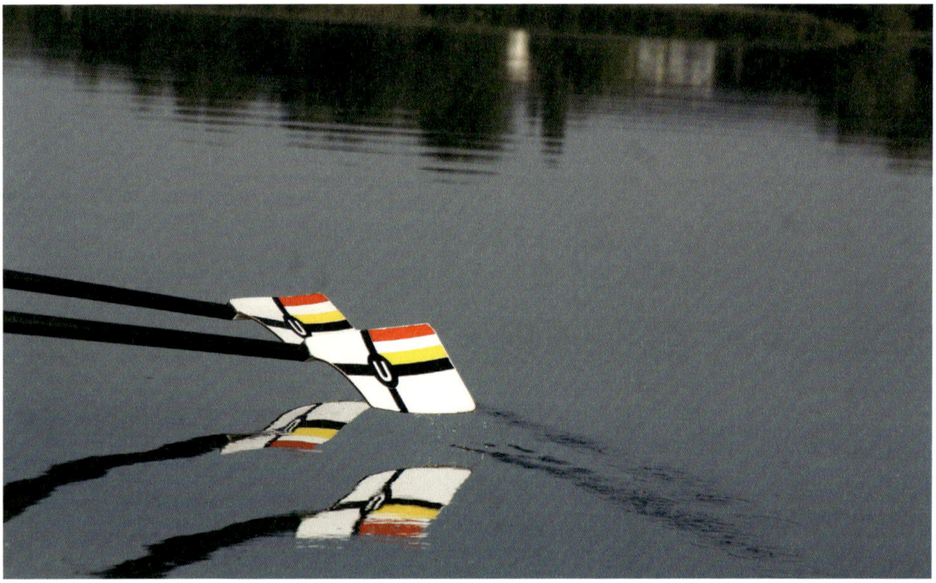

Saubere Blattarbeit

Beispiele für Kombinationsmöglichkeiten

1. Individuelle Technik - Schnelligkeit - aerobe Ausdauer
Dauer: ca. 70-80 Minuten

Einrudern:

Verkürzte Schlaglänge (fester Sitz, halbe Rollbahn, 3/4 Rollbahn) je 10-15 Schläge (2-3 x). Dazwischen je fünf Minuten volle Länge mit Einzelkorrekturen (Schwerpunkt: Ausheben des Blattes, hintere Umkehr).

Schnelligkeit:

3 x (10 Schläge halbe Schlaglänge mit halber Kraft, Frequenz ansteigernd, 10 Schläge halbe Schlaglänge, volle Kraft mit maximaler Frequenz, 10 Schläge volle Länge, mit maximaler Kraft und maximaler Frequenz), Pausengestaltung 5-8 Minuten im mittleren Ausdauertempo.

Aerobe Ausdauer:

Nach dem Schnelligkeitsabschnitt ca. 20 Minuten im mittleren Tempo (Sf 21-23) bei individueller Technikkorrektur und fünf maximalen (Frequenz und Krafteinsatz) Schlägen alle fünf Minuten.

Am Ende 2 x 10 Schläge aus dem Stand bei voller Länge, mit maximaler Frequenz und maximalem Krafteinsatz.

Ausrudern:

Ca. 10 Minuten in ruhigem Ausdauertempo (Sf 18-20).

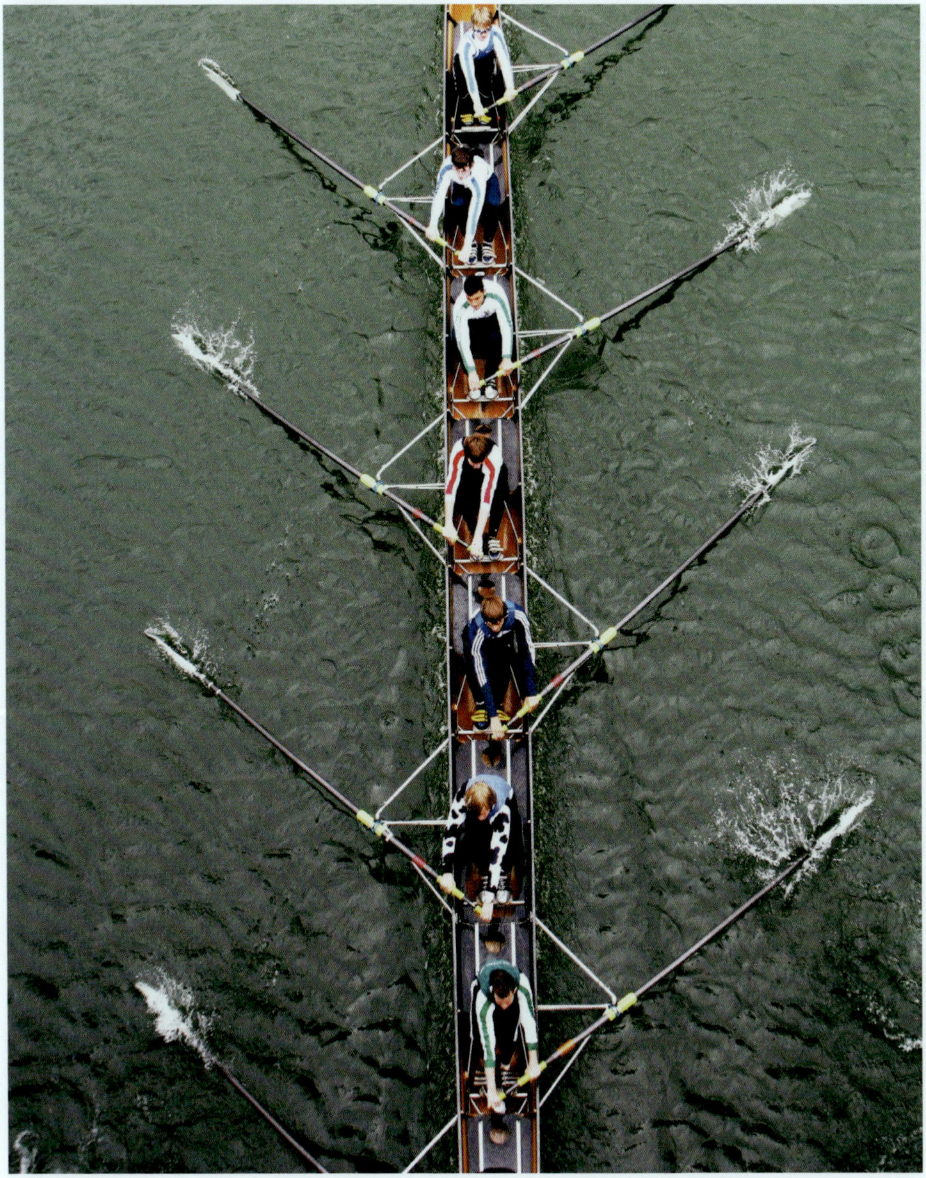

2. Mannschaftliche Koordination – ruderspezifische Kraftausdauer – aerobe Ausdauer
Dauer: ca. 60-70 Minuten

Einrudern mit Übungen zur mannschaftlichen Koordination:

Paarweises Einrudern über je ca. drei Minuten. Anschließend alle zusammen über 5-8 Minuten mit Sf 16/17 und deutlichen Pausen, wenn die Hände beim Vorrollen über den Knien sind. Die letzten fünf Minuten wird die Pause durch Ansage des Trainers gestaltet, der die Pausenlänge unterschiedlich ansagt.

Mannschaftliche Koordination und spezifische Kraftausdauer:

Fortführung der Pausenübung mit hohem Krafteinsatz über ca. 2 x 30 und 3 x 50 Schläge (je einmal nur mit dem Innenarm) mit Schlagfrequenzen in der Spanne von ca. 12-28 pro Minute.

Das Hauptaugenmerk ist dabei auf das gleichmäßige Anrollen aller und das gemeinsame Setzen der Blätter zu legen.

Ausrudern: ca. 10 Minuten im mittleren Ausdauertempo (Sf 21-23).

3. Individuelle Technikschulung – mannschaftliche Koordination – rennspezifische Ausdauer
Dauer: ca. 60-70 Minuten

Einrudern:

15 Minuten im mittleren Ausdauertempo (Sf 21-23), nach ca. 8-10 Minuten alle drei Minuten 10 Schläge volle Kraft mit ansteigender Schlagfrequenz (28-34). Individuelle Korrekturen mit Hauptaugenmerk auf dem gemeinsamen Setzen und den Umkehrbewegungen der Hände und der Ruder.

Rennspezifische Ausdauer und mannschaftliche Koordination:

3 x 5 Minuten Schlagfrequenzwechsel (durch Trainer angesagt) mit voller Kraft im Abstand zwischen 20 und 60 Sekunden von 26-38, z. B.

30 s - Sf 28	20 s - Sf 36
20 s - Sf 32	40 s - Sf 28
40 s - Sf 26	30 s - Sf 34
20 s - Sf 34	40 s - Sf 30
40 s - Sf 26	

Pausen zwischen den Belastungswechseln ca. 5-8 Minuten in ruhigem Ausdauertempo (Sf 19/20) mit individueller Rückmeldung und dem Hauptaugenmerk auf gemeinsamem Anrollen und Setzen.

Ausrudern:

15 Minuten in mittlerem Langstreckentempo (Sf 20-22), darin 3 x 10 Schläge in Rennschlagfrequenz.

4. Individuelle Technik - mannschaftliche Koordination - aerobe Ausdauerentwicklung Dauer ca. 50-60 Minuten

15 Minuten Einrudern im geringen Tempo (Sf 19-20), dabei nach ca. 8-10 Minuten über je 15-20 Schläge nur mit dem Außenarm und Innenarm rudern.

Im Wechsel mit unterschiedlicher Schlaglänge, Schlagfrequenz (16-23) und variierenden Krafteinsätzen anschließend für ca. 20 Minuten weiterführen: Innenarm, Außenarm, mit beiden Armen normal, mit beiden Armen, wobei die Innenhand zur Dolle rutscht usw.

Abschließend ca. 15-20 Minuten über die gesamte Schlaglänge rudern, eventuell mit Sf-Variationen (16-23).

Während dieser Einheit werden Videoaufnahmen gemacht. Im Anschluss an das Training erfolgt die Analyse der Aufnahmen, wobei die Ruderer die Bilder und ihre Empfindungen kommentieren.

5. Aerobe Ausdauer – ruderspezifische Kraftausdauer
Dauer: ca. 65-70 Minuten

20 Minuten Einrudern mit Sf 19/20; nach ca. 8-10 Minuten 2 x über ca. 500 m mit Sf 23/24 und 75 % Krafteinsatz, beim zweiten Mal mit Sf 27/28 und 85 % Krafteinsatz rudern.

Anschließend ca. 10 Minuten mittleres Tempo mit Sf 21-23. Eingebaut werden ca. 5 x 10 Schläge mit sehr geringer Sf (16-18) und maximalem Krafteinsatz.

Durch Vorgabe der Sf (16-28) und durch Regulierung des Tempos (z. B. durch die abgestufte oder gleitende Geschwindigkeitsregelung am Motorboot) kann über einen Gesamtzeitraum von 15-20 Minuten die ruderspezifische Kraftausdauer trainiert werden, z. B.

Über ... [s]	mit Sf ...	Tempo
60``	18	Ansteigend
60``	23	Konstant
120``	16/21	Wechselnd
60``	23-28	Ansteigend
120``	19	Konstant usw.

Abschließend 15-20 Minuten im mittleren Langstreckentempo (Sf 21-23) „nach Hause" rudern.

Hinweise für Trainingsanfänger:

- Die Verbesserung individueller Technik und der mannschaftlichen Zusammenarbeit ist wichtiger als das Konditionstraining.
- Das Einrudern steht schon in Verbindung zu den unterschiedlichen Zielsetzungen des Trainings.
- Ausdauereinheiten sollten durchbrochen werden durch sehr kurze Schnelligkeitsübungen (z. B. 5-10 Schläge) oder kleinere Pausen (Wenden).
- Bei intensiven Belastungen wechsle die Schlagfrequenzen im systematischen oder beliebigen Wechsel (Trainer!).
- Belastungen werden immer mit und gegen den Wind oder die Strömung gefahren. Vor langen Ausdauereinheiten und hohen, intensiven Belastungen stehen Schnelligkeitsübungen, die immer in Verbindung mit der individuellen Technik und mannschaftlicher Koordination zu sehen sind.
- Nach dem Rudern: Dehnen und stretchen, eventuell noch ca. 10-20 Minuten auslaufen.

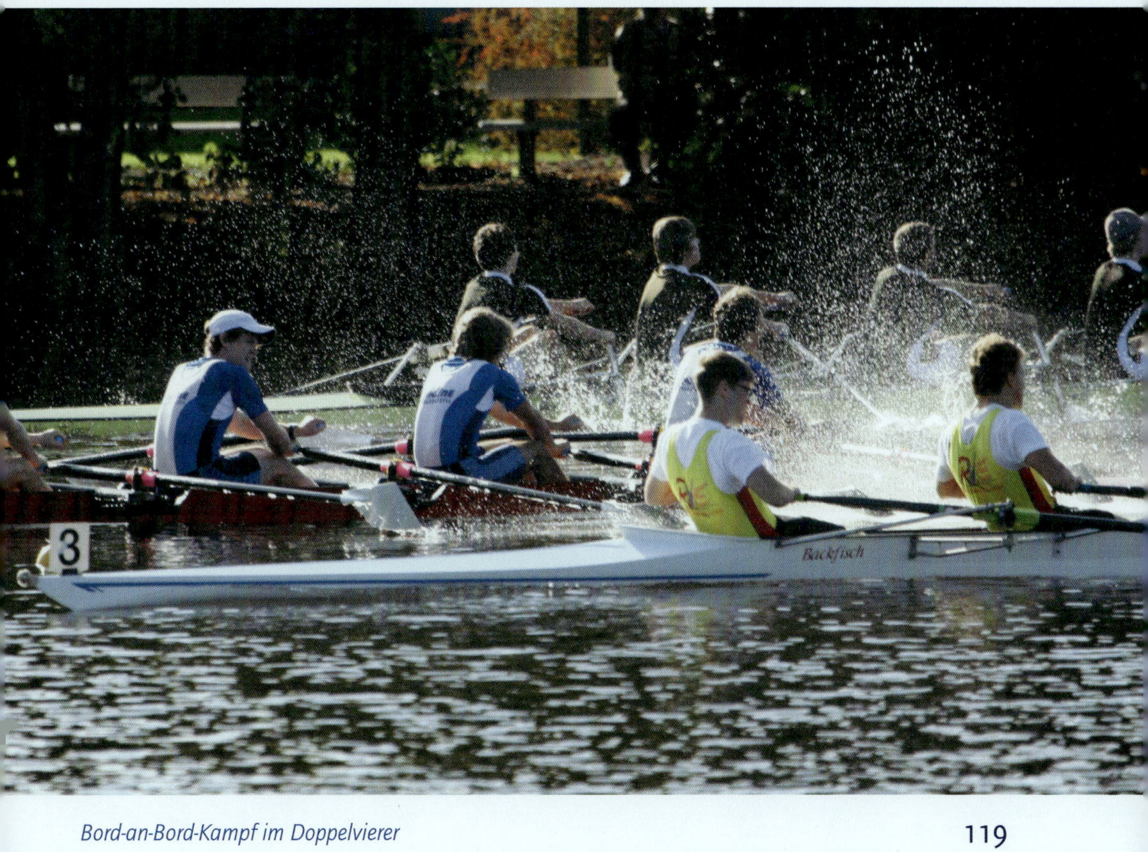

Bord-an-Bord-Kampf im Doppelvierer

Training auf dem Ruderergometer

Immer beliebter wird das Training auf dem Ruderergometer, der nicht nur im Leistungs- und Hochleistungstraining seinen Platz gefunden hat, sondern verstärkt auch als Trainings- und Fitnessgerät vom gesundheitsbewussten und ambitionierten Freizeitruderer entdeckt wurde.

Der Ruderergometer ermöglicht die ruderspezifische Belastung und eröffnet auch einen Mannschaftseffekt, indem einzelne Ergometer mithilfe von Schienen (Slides) hintereinander „geschaltet" werden. Die technischen Entwicklungen sind weiter fortgeschritten, sodass die Geräte relativ leise, gut transportierbar und preiswerter geworden sind. Dies führte dazu, dass nicht nur in Vereinen vielfach mehrere Ergometer zur Verfügung stehen; viele Rudersportler haben sich einen „Ergo" auch privat als „Heimtrainer" zugelegt.

Ergometerrudern kann ein Natur- oder Mannschaftserlebnis im Boot nicht ersetzen. Ergometerrudern ist jedoch sehr gutes Fitnesstraining, es ermöglicht eine gute Vergleichbarkeit und Messbarkeit der Leistungen unter den Ruderern und dient nicht zuletzt deshalb als leistungsphysiologisches Testgerät im Spitzensport. Für den Freizeitruderer liefert das Gerät objektive Hinweise über seine körperliche und physiologische Entwicklung.

Wie bei jedem Training so gilt auch beim Einstieg in das Training mit dem Ruderergometer, dass ein sicherer und der Gesundheit dienender Bewegungsablauf vorausgesetzt werden muss. Die Trainingsbelastungen müssen methodisch aufgebaut werden.

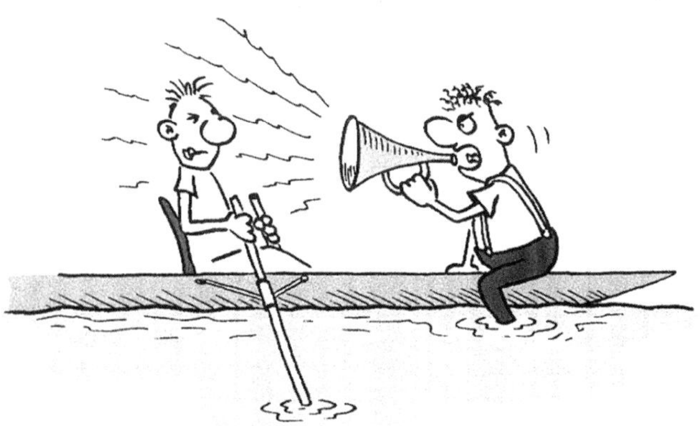

Ein besonderes Problem kann darin bestehen, dass die elektronische Anzeige die Belastungen intensiviert. Der Ruderer fixiert seinen Blick während der Belastung auf diese Anzeige, die ihm Informationen über die geruderte Zeit, die Wattleistung, die Durchschnittsgeschwindigkeit und den Kalorienverbrauch sowohl aktuell als auch über bestimmte Zeiträume gemittelt, liefert.

Die Fixierung auf diese Zahlen und Informationen kann permanente Steigerungsraten provozieren und verhindern die Belastungssteuerung nach dem Belastungs- und Beanspruchungsempfinden des Sportlers. Dies gilt auch für die gängige Praxis, mit Kopfhörern und Musikbeschallung zu trainieren.

Ergometerruderer sollten ihre Beanspruchungswahrnehmung verbessern, indem sie nicht ständig auf die Computeranzeige schauen. Nach der Belastung oder einer bestimmten Ruderzeit auf dem Ergometer kann man vergleichen, wenn man möchte.

Was heute als „mittlere" Beanspruchung empfunden wird und dabei z. B. über 10 Minuten 2.200 Meter gerudert werden, kann am nächsten Tag bei der gleichen Empfindung über die gleiche Zeit bereits um 150 Meter mehr oder weniger sein. Die erreichten Leistungen (in Meter, Watt oder die Durchschnittszeit über 500 Meter) sollten notiert werden. Ein gutes Maß für die Gesamtbeanspruchung bieten neben dem Belastungsumfang auch die durchschnittlich geruderten Meter pro Minute oder die Anzahl der verbrauchten Kilokalorien pro Minute.

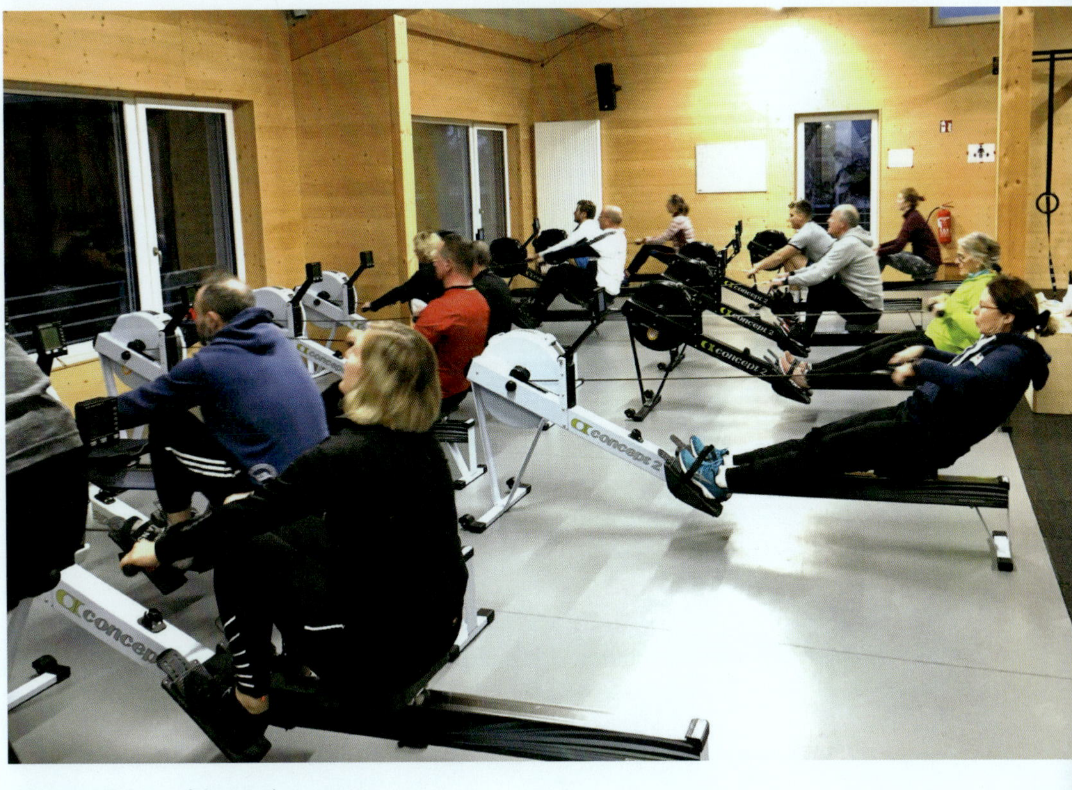

Gruppentraining auf dem Ruderergometer

Tab. 17: Beispielhafte Programme für Ergometeranfänger und Fortgeschrittene zur Verbesserung der aeroben Ausdauer und der spezifischen Kraftausdauer

Programm A	
Gesamtdauer	**Ca. 35 min**
Übungsdauer Belastungsintensität Schlagfrequenz (Sf) Pause Anmerkungen	4 x 5 min *Leicht* 18/19 3-5 min Pausen mit Gymnastik oder Kräftigungsübungen ausfüllen

Programm B	
Gesamtdauer	**Ca. 45 min**
Übungsdauer Belastungsintensität Pause Anmerkungen	5 x 5 min *Noch leicht*, jeweils die letzte Minute **etwas anstrengend** Schlagfrequenz (Sf) 20/21, 23 5 min Pausen mit Gymnastik oder Kräftigungsübungen ausfüllen

Programm C	
Gesamtdauer	**Ca. 35 min**
Übungsdauer Belastungsintensität Schlagfrequenz (Sf) Pause	10 min einrudern *Noch leicht* 19 Ca. 1 min mit **sehr leichter** Intensität
Übungsdauer Belastungsintensität Schlagfrequenz (Sf) Pause Übungsdauer	10 min rudern *Mittel* 21/22 Ca. 3 min mit **sehr leichter** Intensität 5 min **etwas anstrengend**, 5 min leicht ausrudern mit mittlerer Intensität, bis z. B. 400 kcal (oder 6.000 m oder 30 min ...) verbraucht sind.

Programm D	
Gesamtdauer	**Ca. 40 min**
Übungsdauer Belastungsintensität Schlagfrequenz (Sf)	10 min einrudern *Noch leicht* 19/20
Übungsdauer Belastungsintensität Schlagfrequenz (Sf)	10 min Mittel 21/22
Übungsdauer Belastungsintensität	5 min Die Leistung, die mit **mittlerer Belastung** und Sf 21 möglich ist, nun mit Sf 16 rudern.
Übungsdauer Belastungsintensität Schlagfrequenz (Sf)	5 min *Etwas anstrengend* 23/24
Übungsdauer Belastungsintensität	3 min Die Wattleistung, die mit **etwas anstrengender** Belastung und Sf 23/24 möglich ist, nun mit Sf 16 rudern.
Übungsdauer Belastungsintensität	5 min ausrudern *Noch leicht*

Programm E	
Gesamtdauer	**Ca. 50 min**
Übungsdauer Belastungsintensität Schlagfrequenz (Sf)	10 min einrudern *Leicht - noch leicht* 18/19
Übungsdauer Belastungsintensität	Über 20 min rudern Jede Minute im Wechsel Sf 23/16 und immer die gleiche Leistung beibehalten (*anstrengend*)
Übungsdauer Belastungsintensität	10 min ausrudern *Noch leicht - mittel*

Programm F	
Gesamtdauer	**Ca. 50 min**
Übungsdauer Belastungsintensität Schlagfrequenz (Sf)	10 min einrudern *Noch leicht* 19/20
Übungsdauer Belastungsintensität Schlagfrequenz (Sf)	5 min *Mittel - etwas anstrengend* 21-23
Übungsdauer Belastungsintensität Schlagfrequenz (Sf)	5 min Leicht 18/19
Übungsdauer Belastungsintensität Schlagfrequenz (Sf) Anmerkung	1 min *Maximaler Krafteinsatz* 16 Wie viel Meter werden zurückgelegt? Wie viel Watt?
Übungsdauer Belastungsintensität	2 min *Leicht*
Übungsdauer Belastungsintensität Schlagfrequenz (Sf) Anmerkung	1 min *Maximaler Krafteinsatz* 19 Wie viel Meter werden zurückgelegt? Wie viel Watt?
Übungsdauer	2 min usw. mit den Sf 21, 23, 27, 32 und eventuell maximaler Sf
Übungsdauer Belastungsintensität	10 min ausrudern *Noch leicht*

Wichtig für das Training auf dem Ruderergometer!

- Zu Beginn des Trainings den Gesamtumfang aufteilen (z. B. in 5-10 Minuten), nicht zu lange am Stück auf dem Ergometer rudern.
- Das subjektive Belastungs- und Beanspruchungsgefühl muss weiterhin intakt bleiben: Ab und zu die Anzeige hochklappen und nach dem Gefühl rudern (z. B. mit „geringer“, „mittlerer“ oder „noch leichter“ Intensität).

- Keine zu hohen Schlagfrequenzen auf dem Ergometer.
- Die Programme variieren.
- Auf gut durchlüftete Räumlichkeiten achten.
- Zwischen den Abschnitten immer etwas trinken!
- Notiere die Leistungen in Verbindung mit einem subjektiven Beanspruchungsgefühl.
- Der Rudererergometer ist ein ergänzendes Trainingsgerät zum Ruderboot. Zur Ausdauerverbesserung gibt es noch andere Möglichkeiten.
- Nach dem Ergometertraining: Stretching!

Möglichkeit der Trainingssteuerung im fitnessorientierten Rudertraining

Eine hinreichend gute Intensitätssteuerung auf der Grundlage des subjektiven Beanspruchungsempfindens ist im Ausdauerbereich für Trainingsanfänger und fitnessorientierte Rudersportler sehr gut möglich. Voraussetzung ist eine hinreichend gute Bewegungsqualität im Rudern (Rudertechnik!) oder in der jeweils ausgeübten Sportart.

Anhand einer mehrstufigen Skala (nach Borg, 1985) werden für die Belastungen entsprechende Vorgaben qualitativer Art (oder in Zahlwerten) angegeben, die es vom Ruderer einzuhalten gilt.

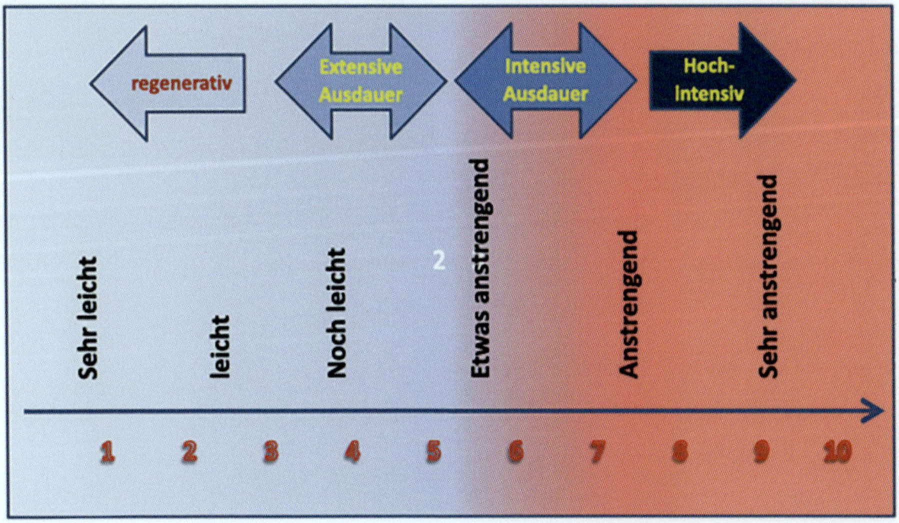

Abb. 22: Werteskala zur Einschätzung des subjektiven Beanspruchungsempfindens (modifiziert nach Borg 1998)

5.5 Das Ergänzungstraining im Rudern

Neben dem Boots- und Wassertraining sollte ganzjährig ein ergänzendes Training für alle Ruderer, die ihre Technik und Leistung verbessern möchten, durchgeführt werden. Ergänzungstraining ist jegliches Training außerhalb des Boots, das zur Verbesserung der physischen Leistungsfaktoren (Kraft, Ausdauer, Beweglichkeit, Schnelligkeit und koordinative Fähigkeiten) beiträgt.

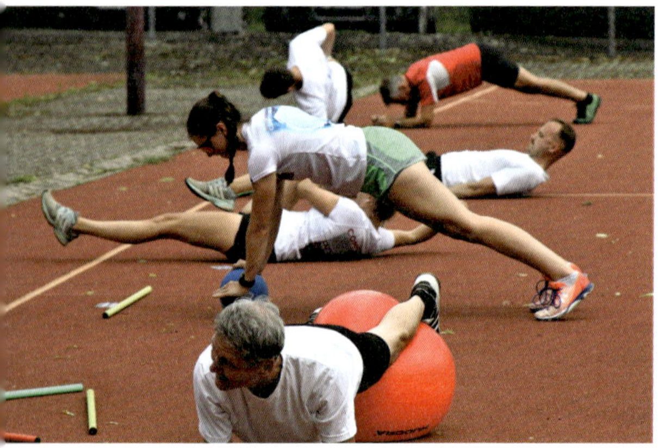

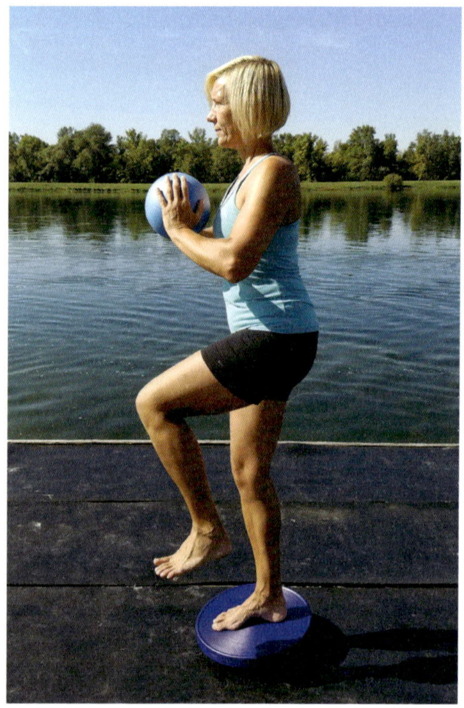

Ergänzungstraining besteht bei Rennruderern außerhalb des Boots vornehmlich aus Kraft- und Ausdauertraining. Allerdings wird inzwischen allen Ruderern auf allen Leistungsebenen dringend ein allgemeines Koordinations- und Beweglichkeitstraining empfohlen – auch wenn es immer noch zu selten praktiziert wird. Nicht nur in einer ruderfreien Zeit oder bei schlechten Wetterbedingungen können andere Trainingsformen und Sportarten ausgeübt werden, die spezielle konditionelle Fähigkeiten herausbilden.

Die Vorteile sind evident: Ergänzungstraining

- schafft konditionelle und koordinative Voraussetzungen, um ausdauernd, kraftvoll und ökonomisch rudern zu können.
- trägt zur Leistungssteigerung bei.
- verhindert Trainingsmonotonie, bietet Abwechslung und Spaß.

- verhindert muskuläre Dysbalancen und beugt einseitigen Ruderbelastungen vor.
- kann die Gesamtbeanspruchung des Stütz- und Bewegungsapparats reduzieren.
- dient der schnelleren Regeneration.
- eröffnet Trainingsalternativen, z. B. nach Verletzungen, im Urlaub, auf Reisen, bei schlechten Wetterbedingungen und auch zu Hause.

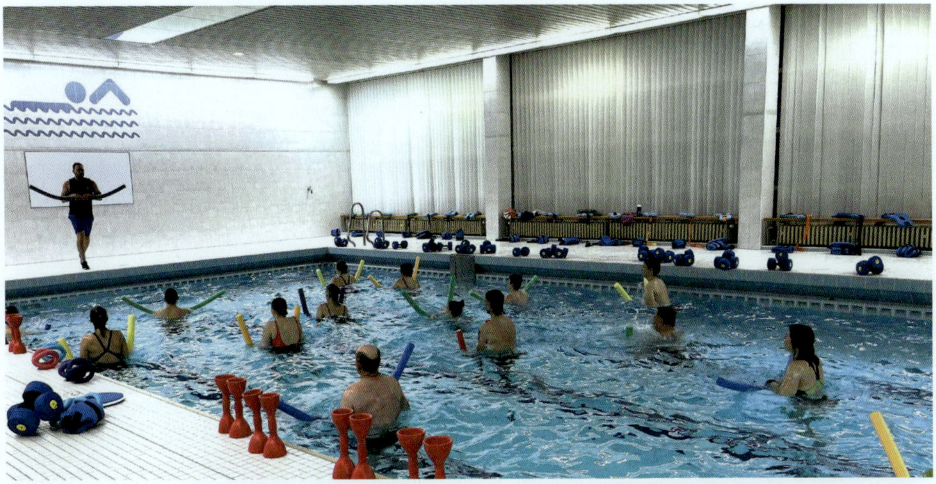

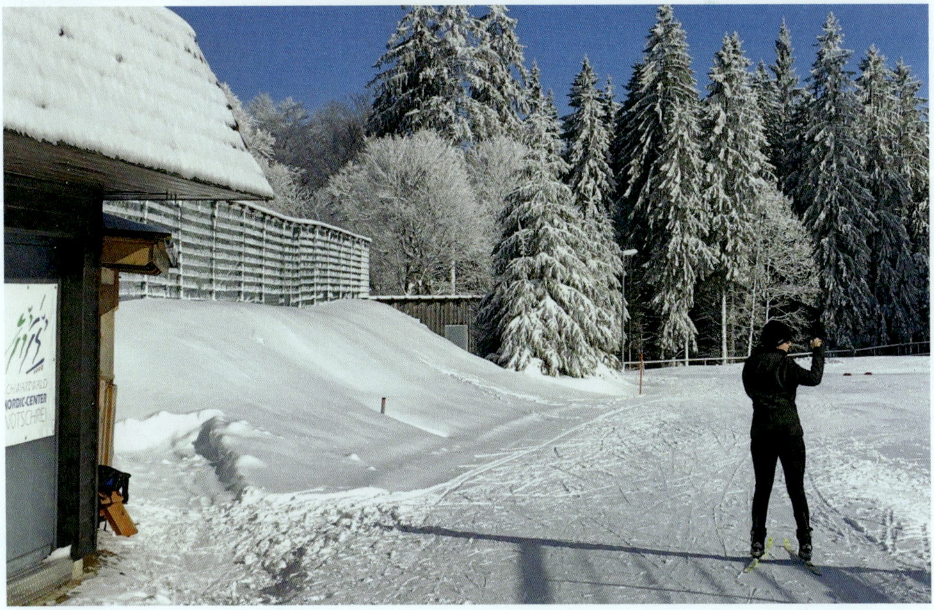

Überlastungserscheinungen des Körpers, muskuläre Dysbalancen durch einseitige und zum Teil hohe Trainingsbelastungen sowie die Vernachlässigung allgemeiner koordinativer Beanspruchungen werden nicht nur im Leistungsrudern festgestellt. Überlastungsprobleme aufgrund nicht ausreichender Vorbereitung des aktiven und passiven Bewegungsapparats ergeben sich auch bei Wiedereinsteigern und Ruderanfängern. Betroffen sind insbesondere Quereinsteiger, die bisher kein körperliches Training absolviert haben, die Belastungen zu schnell steigern oder nur rudern, ohne andere Bewegungsformen auszuüben.

Leistungsfähiges und gesundes Rudern bedeutet mehr, als nur im Boot zu rudern und zu trainieren. Es muss durch allgemeine konditionelle und koordinative Trainingsformen ergänzt werden.

Grundsätze für die Gestaltung eines Ergänzungstrainings:

- ganzjährige Durchführung;
- Ausbildung koordinativer Grundlagen;
- effektive Programme zur Herausbildung von Leistungsfaktoren;
- Spaß und Freude;
- keine extremen Belastungen;
- als Einstieg in das Wintertraining nutzen.
- Möglichkeiten des ergänzenden Trainings für Trainings- und Winterlager nutzen.
- Sportarten, die ich als Trainingsinhalt zur Leistungssteigerung im Rudern einsetze, müssen bewegungstechnisch gekonnt sein und motorisch weiterentwickelt werden.

Tab. 18: Empfehlungen für ein abgerundetes Ergänzungstraining

	Ausdauer	Kraft	Beweglichkeit	Koordination
Wie oft pro Woche	5-7 x	2 oder 3 x	2-3 x	2-3 x
Intensität	Noch leicht bis anstrengend	Höhere Belastung als im Rudern gefordert	Bis zum spürbaren Widerstand oder leichte Anstrengung	Ansteigende Schwierigkeit
Umfang	30 – 90 min.	2-3 Sätze à 10-12 Wdh., vier Übungen obere Körperhälfte, vier Übungen untere Körperhälfte	10-30 s Dehnen der wichtigsten Muskelgruppen, bis 4x wiederholen	4-10 unterschiedliche Übungen/Aufgaben
Steigerungsmöglichkeiten	Belastungsdauer erhöhen Intensität steigern: Krafteinsatz und Frequenz	Sätze mit geringerer Pause (→ 1 min), Jeden 2. Tag trainieren Geräte/Übungen variieren Gewichte erhöhen	In den Alltag integrieren	In den Alltag integrieren Steigende, wechselnde Anforderungen

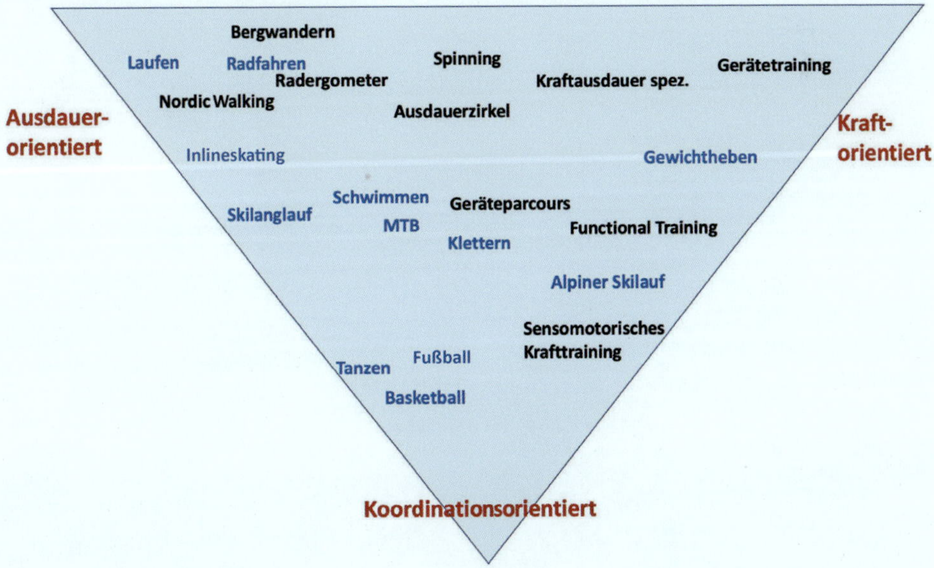

Abb. 23: Formen des Ergänzungstrainings für Ruderer (Sportarten – Trainingsformen/Aktivitäten)

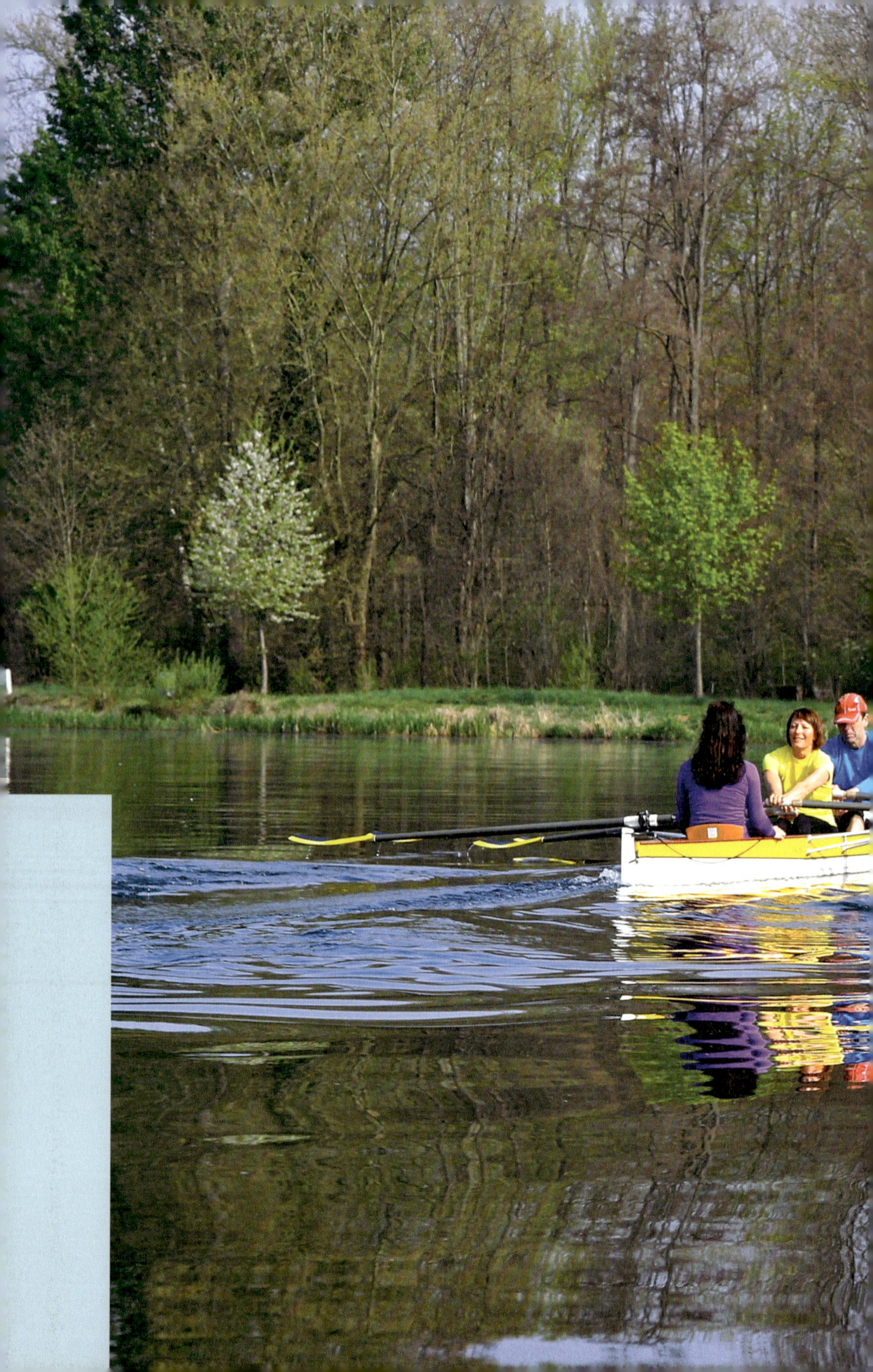

ANHANG

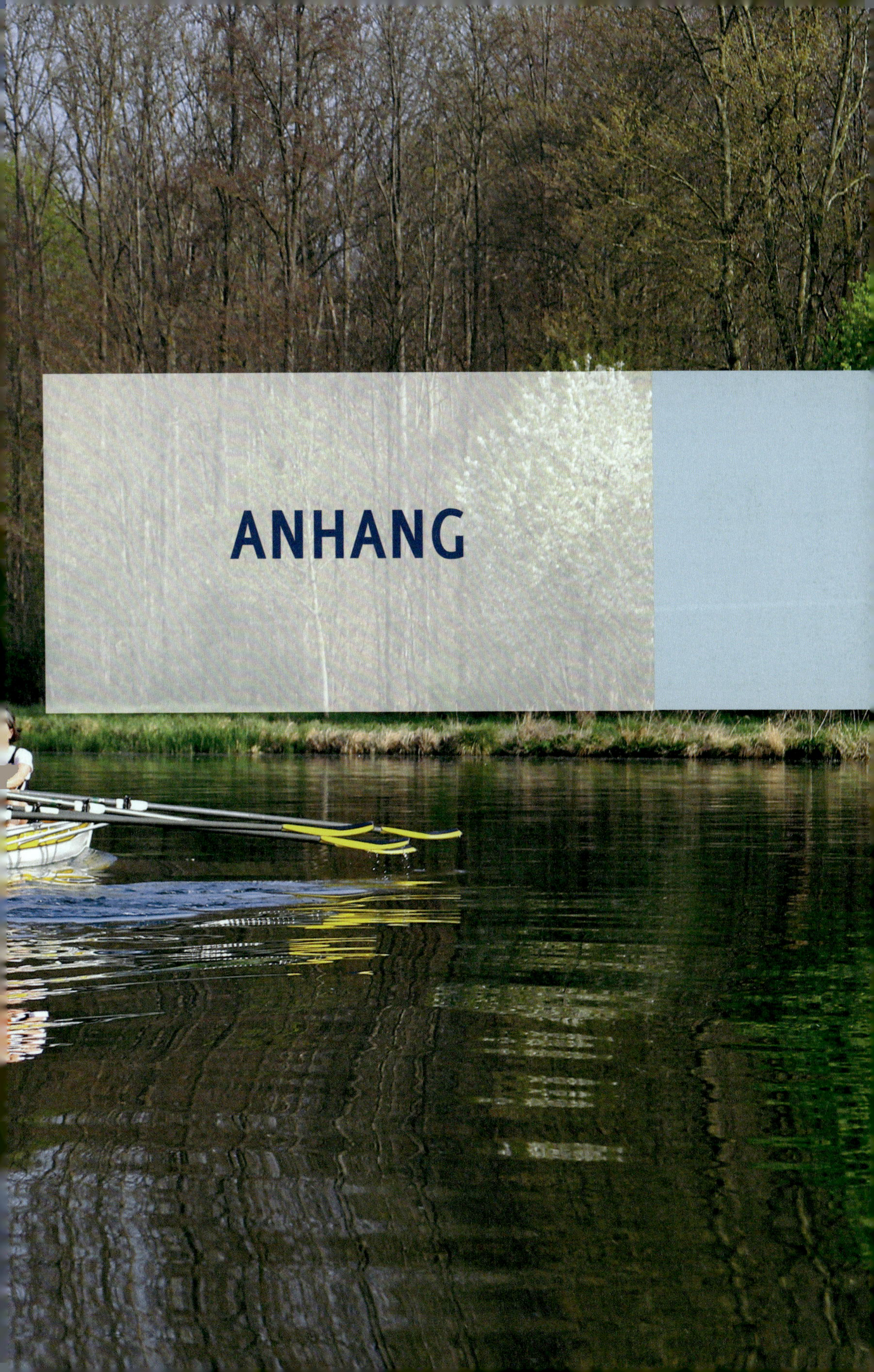

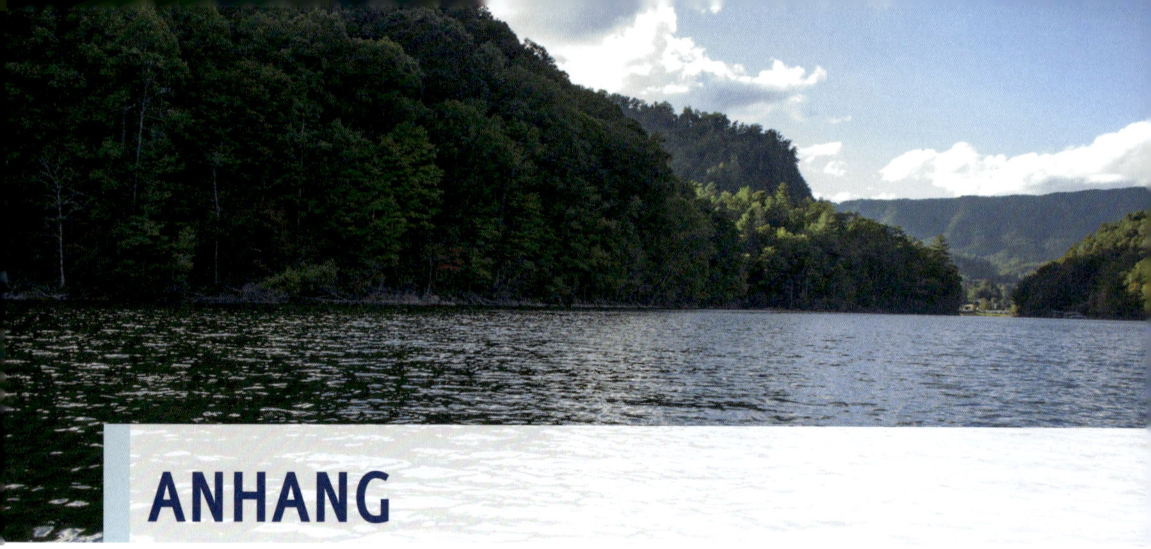

ANHANG

1 10 „goldene Regeln“ für das Verhalten von Wassersportlern in der Natur

1. Meiden Sie das Einfahren in Röhrichtbestände, Schilfgürtel und in alle sonstigen dicht und unübersichtlich bewachsenen Uferpartien. Meiden Sie darüber hinaus Kies-, Sand- und Schlammbänke (Rast- und Aufenthaltsplatz von Vögeln), insbesondere solche mit Wasserpflanzen.
2. Halten Sie einen ausreichenden Mindestabstand zu Röhrichtbeständen, Schilfgürteln und anderen, unübersichtlich bewachsenen Uferpartien sowie Ufergehölzen - auf breiten Flüssen beispielsweise 30-50 Meter. Halten Sie einen ausreichenden Mindestabstand zu Vogelansammlungen auf dem Wasser - wenn möglich, mehr als 100 Meter.
3. Befolgen Sie unbedingt die geltenden Vorschriften. Häufig ist Wassersport in Naturschutzgebieten ganzjährig zumindest zeitweise völlig untersagt oder nur unter ganz bestimmten Bedingungen möglich.
4. Nehmen Sie in „Feuchtgebieten von internationaler Bedeutung“ besondere Rücksicht. Diese Gebiete dienen als Lebensstätte seltener Tier- und Pflanzenarten und sind daher besonders schutzwürdig.
5. Benutzen Sie beim Landen die dafür vorgesehenen Plätze oder solche Stellen, an denen kein sichtbarer Schaden angerichtet werden kann.
6. Nähern Sie sich von Land her nicht Schilfgürteln und der sonstigen dichten Ufervegetation, um nicht in den Lebensraum von Vögeln, Fischen, Kleintieren und Pflanzen einzudringen und diese zu gefährden.

7. Laufen Sie im Bereich der Watten keine Seehundbänke an, um die Tiere nicht zu vertreiben. Halten Sie mindestens 300-500 Meter Abstand zu Seehundliegeplätzen und Vogelansammlungen und bleiben Sie hier auf jeden Fall in der Nähe des markierten Fahrwassers. Fahren Sie hier langsamer.
8. Beobachten und fotografieren Sie die Tiere möglichst nur aus der Ferne.
9. Helfen Sie, das Wasser sauber zu halten. Abfälle gehören nicht ins Wasser, insbesondere nicht der Inhalt von Chemietoiletten. Diese Abfälle müssen genauso wie Altöle in bestehenden Sammelstellen der Häfen abgegeben werden. Benutzen Sie in Häfen ausschließlich die sanitären Anlagen an Land.
10. Machen Sie sich diese Regeln zu eigen, informieren Sie sich vor Ihren Fahrten über die für Ihr Fahrtgebiet geltenden Bestimmungen. Sorgen Sie dafür, dass diese Kenntnisse und Ihr eigenes vorbildliches Verhalten gegenüber der Umwelt auch an die Jugend und vor allem an die nichtorganisierten Wassersportler weitergegeben werden.

2 Nützliche Adressen und Ansprechpartner

Rudervereine gibt es in ganz Deutschland, fast überall, wo ruderbare Gewässer vorhanden sind. Nützliche Informationen, auch Listen und Übersichten der regionalen Rudervereine, erhalten Sie über folgende (Internet-) Adressen:

Deutscher Ruderverband

Friedrich-Wilhelm-Fricke-Weg 10

30169 Hannover

Telefon: 0511/98094-0

Fax: 0511/98094-25

E-Mail: info@rudern.de

Website: www.rudern.de

Unter dieser Adresse finden Sie auch den Ruderclub in Ihrer Nähe.

3 Kleine Literaturauswahl
(weitere und spezifischere Literatur ist beim Autor zu erfragen)

Die folgende kleine Literaturauswahl soll dem interssierten Rudersportler einen Überblick und einen Einstieg zum Rudersport und spezifischen Themenfeldern bieten.

Borg, G. (1998). *Borg´s perceived exertion and pain scales.* Champaign, IL: Human Kinetics.

Deutscher Ruderverband (Hrsg.). (1983). *Hundert Jahre Deutscher Ruderverband.* Minden: Philler-Verlag.

Deutscher Ruderverband (Hrsg.). (1992). *Bootsobleute und Steuerleute.* Hannover.

Fritsch, W. (2005). *Das große Buch vom Rennrudern.* Aachen: Meyer & Meyer.

Fritsch, W. (2006). *Handbuch für den Rudersport.* Aachen: Meyer & Meyer, (4. überarbeitete Auflage).

Fritsch, W. (2014) *Rudern Basics.* Aachen: Meyer & Meyer (4. überarbeitete Auflage).

Fritsch, W. & Nolte, V. (2016²). *Masterrudern. Das Training ab 40.* Aachen: Meyer & Meyer.

Körner, T. & Schwanitz, P. (1987). *Rudern.* Berlin: Sportverlag.

Lambert, C. (1999). *Über den Wassern. Rudern – eine Lebenskunst.* Kreuzlingen: Ariston Verlag.

Nolte, V. (ed.) (2005). *Rowing Faster.* Champaign, Ill: Human Kinetics.

Schroeder, W. (1978). *Rudern. Technik – Training – Taktik.* Reinbek: Rowohlt.

Schwandt, D. (2000). *Wanderrudern. Fahrtleiter und Wanderruderwart.* Hannover: Deutscher Ruderverband.

Zeitschrift:

Rudersport. Amtliches Organ des Deutschen Ruderverbandes

Nützliche Internetseiten:

www.rudern.de
www.rudern.at
www.ruderjugend.de
www.lrvbw.de

4 Bildnachweis

Coverfoto: picture alliance / dpa | Maja Hitij

Umschlagfoto: hinten: ©Wolfgang Fritsch

Covergestaltung
5. üb. Auflage: Dafni Perrou

Fotos Innenteil: Wolfgang Fritsch

Zeichnungen: Oskar Loewe

Satz: Andreas Reuel

Bearbeitung
5. üb. Auflage: Katerina Georgieva & Dafni Perrou

Lektorat: Dr. Irmgard Jaeger

5 Der Autor

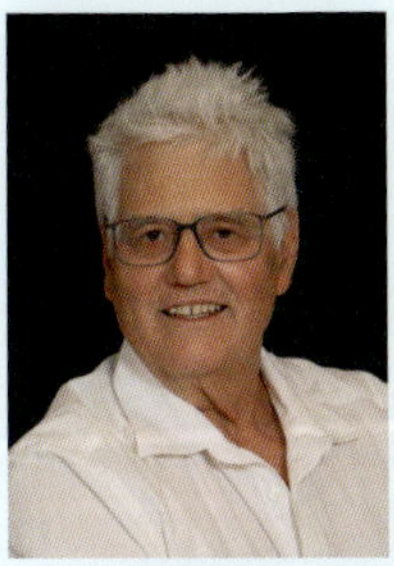

Dr. Wolfgang Fritsch war bis zu seinem Ruhestand im Jahr 2017 Dozent für Sportwissenschaft an den Universitäten in Tübingen und Konstanz. Seit über 45 Jahre engagiert er sich in der Aus- und Fortbildung von Trainern im Rudern. Von 1992 bis 2004 war Dr. Fritsch Mitglied im Vorstand des Deutschen Ruderverbandes und leitete das Ressort „Wissenschaft und Lehre". Für seine Arbeit für den DRV wurde Dr. Fritsch die Ehrenmitgliedschaft verliehen.

Im Jahr 2007 übernahm Dr. Fritsch im Landesruderverband Baden-Württemberg das heutige Ressort „Bildung und Sportentwicklung" und ist stellvertretender Vorsitzender. Er verfasste zahlreiche Standardwerke und Artikel zum Rudern und war Motor zur Zertifizierung des Ruderprogramms beim DOSB „Sport pro Gesundheit".

Neben der Traineraus- und Fortbildung im Leistungssport initiierte Dr. Fritsch seit 2020 die Traineroffensive im Landesruderverband, die mehr junge Trainer für eine Tätigkeit begeistern und befähigen soll.

Dr. Wolfgang Fritsch gewann – neben zahlreichen Meisterschaften – 1975 die Goldmedaille im Leichtgewichtsachter bei den Weltmeisterschaften in Nottingham (GBR). Als Trainer für den Deutschen und Schweizerischen Ruderverband gewann er siebenmal Gold auf Weltmeisterschaften.

Abonnieren Sie unseren kostenlosen Newsletter unter **www.dersportverlag.**

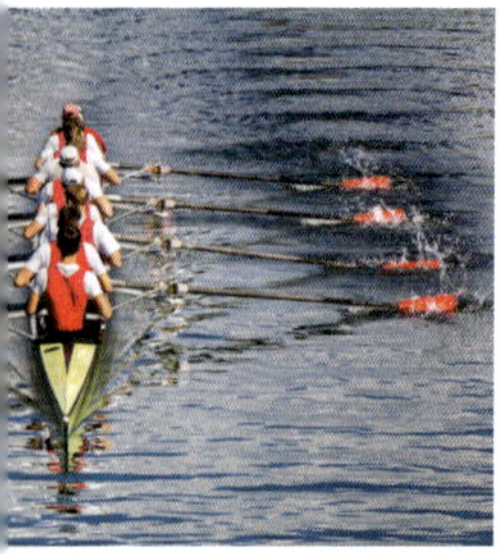

RUND UMS RUDERN

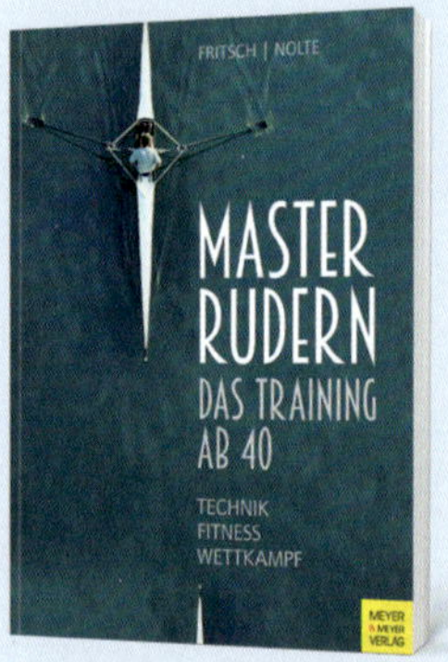

MASTERRUDERN
Das Training ab 40

2. üb. Auflage 2016

Rudern im mittleren und fortgeschrittenen Alter erfreut sich zunehmend großer Beliebtheit. In diesem Buch werden allen aktiven älteren Ruderern und Trainern konkrete Hinweise und Tipps für ein Wettkampf- und Fitnesstraining vermittelt.

ISBN: 978-3-8403-7544-6
€ [D] 25,00/[A] 25,70

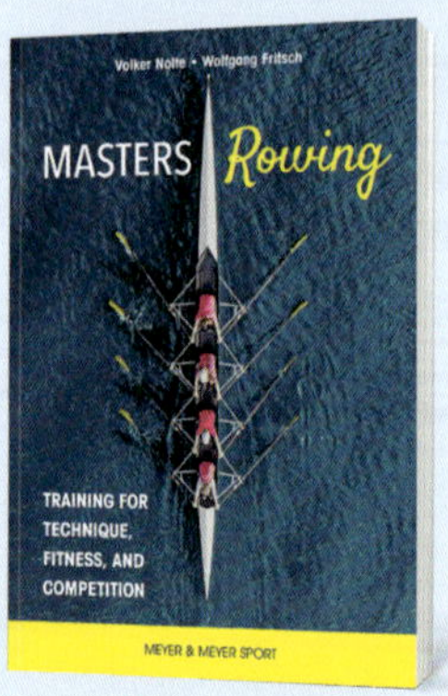

ISBN: 978-1-78255-210-9
€ [D] 26,95/[A] 27,80

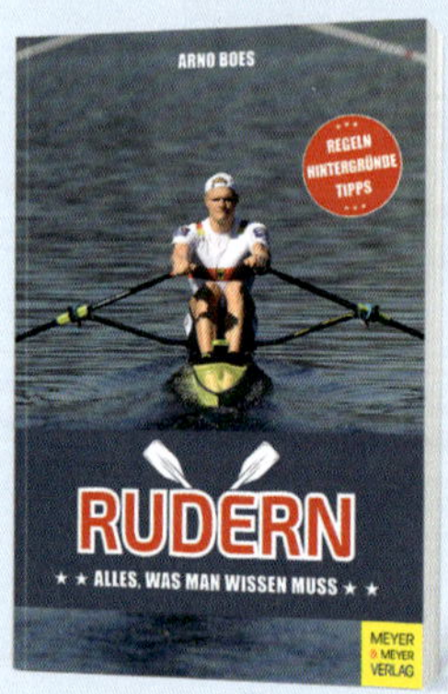

ISBN 978-3-8403-7737-2
€ [D] 16,00/[A] 16,50

MEYER
& MEYER
VERLAG

MEYER & MEYER Verlag
Von-Coels-Str. 390
52080 Aachen

Telefon 02 41 - 9 58 10 - 25
Fax 02 41 - 9 58 10 - 10
E-Mail vertrieb@m-m-sports.com
Website www.dersportverlag.de